A República dos Bons Sentimentos

OS LIVROS DO OBSERVATÓRIO

O Observatório Itaú Cultural dedica-se ao estudo e divulgação dos temas de política cultural, hoje um domínio central das políticas públicas. Consumo cultural, práticas culturais, economia cultural, gestão da cultura, cultura e educação, cultura e cidade, leis de incentivo, direitos culturais, turismo e cultura: tópicos como esses impõem-se cada vez mais à atenção de pesquisadores e gestores do setor público e privado. Os LIVROS DO OBSERVATÓRIO formam uma coleção voltada para a divulgação dos dados obtidos pelo Observatório sobre o cenário cultural e das conclusões de debates e ciclos de palestras e conferências que tratam de investigar essa complexa trama do imaginário. As publicações resultantes não se limitarão a abordar, porém, o universo limitado dos dados, números, gráficos, leis, normas, agendas. Para discutir, rever, formular, aplicar a política cultural é necessário entender o que é a cultura hoje, como se apresenta a dinâmica cultural em seus variados modos e significados. Assim, aquela primeira vertente de publicações que se podem dizer mais técnicas será acompanhada por uma outra, assinada por especialistas de diferentes áreas, que se volta para a discussão mais ampla daquilo que agora constitui a cultura em seus diferentes aspectos antropológicos, sociológicos ou poéticos e estéticos. Sem essa dimensão, a gestão cultural é um exercício quase sempre de ficção. O contexto prático e teórico do campo cultural alterou-se profundamente nas últimas décadas e aquilo que foi um dia considerado clássico e inquestionável corre agora o risco de se revelar pesada âncora. Esta coleção busca mapear a nova sensibilidade em cultura.

Teixeira Coelho

Michel Maffesoli

A REPÚBLICA DOS BONS SENTIMENTOS

documento

Tradução
Ana Goldberger

Coleção Os livros do Observatório
Dirigida por Teixeira Coelho

Copyright © *Éditions Du Rocher,* 2008

Capa
Michaella Pivetti

Fotos da capa
imagens extraídas do site livre www.sxc.hu
Agradecimentos para a autora da foto: Gözde Otman (Istanbul, Turquia).

Revisão
Daniel Santos e Ana Luiza Couto

(Este livro segue as novas regras do Acordo Ortográfico da Língua Portuguesa.)

CIP-BRASIL. CATALOGAÇÃO-NA-FONTE
SINDICATO NACIONAL DOS EDITORES DE LIVROS, RJ

M162r

Maffesoli, Michel, 1944-
   A república dos bons sentimentos : documento / Michel Maffesoli ; tradução de Ana Goldberger. — São Paulo : Iluminuras : Itaú Cultural, 2009.
   96p.

   Tradução de: La république des bons sentiments
   ISBN 978-85-7321-307-2 (Iluminuras)
   ISBN 978-85-85291-91-4 (Itaú Cultural)

   1. Conformismo. 2. Conflito social. 3. Resistência ao governo. 4. Ciências Sociais - Filosofia. I. Instituto Itaú Cultural. II. Título.

09-2489.   CDD: 303.32
                                  CDU: 316.4

25.05.09   29.05.09   012866

2009
EDITORA ILUMINURAS LTDA.
Rua Inácio Pereira da Rocha, 389 - 05432-011
São Paulo - SP - Brasil
Tel./Fax: (55 11) 3031-6161
iluminuras@iluminuras.com.br
www.iluminuras.com.br

SUMÁRIO

Prefácio à edição brasileira, 9

1. Do víride, 15

2. A paranoia do Saber-Poder, 33

3. Incivilidades do "bem-pensar", 47

4. O luxo noturno da fantasia, 65

5. "Nada vale mais que a vida", 81

6. O retorno do arcaico, 97

7. Da palavra à fala, 105

8. Ruptura, 117

Sobre o autor, 127

PREFÁCIO À EDIÇÃO BRASILEIRA

O descompasso entre, de um lado, a intelligentsia, *os responsáveis políticos e jornalistas variados, e, de outro, a base da sociedade é hoje patente. Do que não há dúvida é que essa* intelligentsia *parece ter* **medo de pensar**. *Ou, pelo menos, que ela não considera que pensar seja algo essencial, preferindo se contentar com dogmas ideológicos e outras certezas teóricas. Essa constatação, um tanto abrupta, vale para vários países do mundo. Deixo aos intelectuais brasileiros a tarefa de definir os contornos que ela pode assumir em seu próprio país.*

Digamos, de modo geral, que, permanecendo aferrados, freneticamente, por vezes histericamente, ao corpo de ideias no qual foram formados (aquele, um tanto obsoleto, dos sistemas sociais do século XIX), esses intelectuais multiplicam seus conselhos e opiniões políticos, jornalísticos ou sociais totalmente desconectados da realidade, daquilo que Walter Benjamin chamava "o concreto mais extremado"!

De fato, esses "mestres-escola" que, no fundo, continuam a ser o que sempre foram, uns escolásticos, só conseguem suscitar, diante das profundas mutações em curso, erros de apreciação sobre a cultura, os fenômenos sociais e, mais simplesmente, a vida cotidiana. A verdade é que, nunca será demais repeti-lo, a cultura e o mundo das ideias não são algo abstrato, um "mimo" que nos concedemos ou que pomos de lado a nosso bel-prazer, mas, sim, um estado de espírito que faz que as pessoas sejam o que são.

"O governo dos espíritos": bela expressão atribuída a Guisot. O resto vem de quebra: o social, o econômico, mesmo a política, em suas diversas formas, dependem essencialmente da capacidade de encantar as mentalidades. As histórias humanas mostram como aqueles que tiveram um papel autêntico no debate público não estavam errados quando se empenharam em expressar do melhor modo possível aquilo que está em todas as cabeças. Sonhos difusos, desejos inconscientes precisam se manifestar e, assim, tornar-se realidade.

Pode parecer paradoxal mas é essa capacidade de "governar os espíritos" que pode permitir ao político entrar em sintonia com aquilo que Auguste Comte chamava de "país real". É o que esse país real espera. E o trabalho, a civilidade, as formas de solidariedade, a responsabilidade decorrerão, naturalmente, das palavras que forem pronunciadas. Algo que a seu modo Nietzsche repete com frequência: "originais foram aqueles que deram nome às coisas". É o que proponho à sagacidade de meus amigos brasileiros: que não mais se contentem com "colar" a seu país os sistemas teóricos elaborados na Europa ou, pior, nos EUA, mas retornar à cultura profunda, nativa, que é a única a garantir o futuro. É esse o melhor exemplo de enraizamento dinâmico.

Não se trata apenas de "comunicar", algo que pode se revelar contraproducente, mas, como dizia Mallarmé, de "dar um sentido mais puro às palavras da tribo". São essas as palavras inconscientemente esperadas, não para reconfortar as próprias certezas, o desejo de tudo facilitar, mas para estimular **as exigências do ser**. *São essas as palavras cuja imperiosa necessidade é pressentida como condição para tornar possível o autoquestionamento, para participar do questionamento que, em suas mais autênticas expressões (mitos e histórias diversas), as sociedades se fazem.*

É a partir desse "governo dos espíritos" que se torna possível a existência dos dispositivos de influência, é a partir daí que é possível mostrar autoridade, *isto é, participar do crescimento em todos os setores da vida, o social, o econômico, o político, o cultural. Nisso consiste o papel daquele que sabe.*

Mas, claro, é preciso não se enganar de época, é preciso entrar em sintonia com o imaginário que constitui esta época. Donde a necessidade de reconhecer os valores que caracterizam, não mais cabe temer esta expressão, a pós-modernidade nascente. Época de um hedonismo latente, que dá ênfase ao aspecto qualitativo da existência, à relação com o meio ambiente e a ecologia. Época que faz que a criação seja mais importante que o trabalho ou que, ainda, destaque a importância do corpo (na moda, no esporte, na cosmética) como elemento do "corpo social". Época enfim que considera que o desenvolvimento do festivo e do lúdico não mais é apenas um lado frívolo da existência mas seu elemento essencial. Sem esquecer, por certo, a fragmentação tribal e a atenção dada ao presente.

E dizendo isso, vejo desfilarem diante de meus olhos as situações, paisagens e discussões que constituem o Brasil como, já o disse várias vezes, um "laboratório da pós-modernidade".

Para além dos diversos conformismos, é nisso que consiste a ousadia de pensamento que pode recriar um entendimento entre o homem sem qualidade e a vida social. Esse homem poderá então compreender qual é o imaginário em gestação deste século vinte e um que está nascendo. E isso, sem passar pelo filtro deformador das ideologias algo defasadas do século dezenove do qual aquela intelligentsia *é a representante autorizada.*

Não é a primeira vez que se abre um fosso entre as elites e o povo, mas são inúmeros os que podem e querem dedicar-se a preenchê-lo. É preciso saber mobilizá-los.

*Para isso, é preciso criar um laboratório de ideias não mais focado sobre a economia e a dimensão política mas naquilo que constitui o lençol freático de toda vida social: o **imaginário**, cimento autêntico do estar junto.*

Isso requer, para além do conformismo ambiente do "bem-pensar", e sem se deixar fascinar e hipnotizar por ele, uma audácia de pensamento compatível com aquilo que as pessoas realmente querem e vivem. Espero que, assim continuando uma conversa, já antiga, com os amigos e ex-alunos brasileiros, possamos aos poucos preencher esse fosso entre os que têm a responsabilidade de agir sobre esta sociedade e aqueles que simplesmente a vivem.

Michel Maffesoli
Membro do Institut Universitaire de France

1. DO VÍRIDE

*As obras precisam de impertinência assim
como a comida, de pimenta.*
Joseph de Maistre

A revelação chega sempre sem que se espere, de improviso. A cena poderia ter-se passado em alguma floresta escura onde, no seio iluminado de uma clareira, tem-se a experiência do ser. É uma noite de verão numa aldeia distante no alto da montanha. O pretexto é a comemoração da data nacional. Mas, retomando uma palavra de Hölderlin em seu longo poema em prosa, *Hypérion*, aqui não se trata do nacional, mas, sim do "nacionel". Ou seja, a prevalência daquilo que me liga ao outro, o sentimento, o afeto. Em suma, das paixões compartilhadas.

Dionísios pós-modernos! Rapazes e moças em transe dançam ao som de ritmos bárbaros. A música tecno domina. Pouco importa o resto. Basta que haja barulho. Para que irrompa o caos, para que a selvageria (re)emerja, para que a rebelião esteja ao alcance da mão.

Aflora o mito do *puer aeternus*. Essa "criança eterna" que é Dionísio, esse moleque divino, símbolo constante da mudança das formas instituídas.

O álcool jorra a cântaros, claro, e rompe o eu a fim de chegar a um "nós" comunal que nada parece entravar.

Eles "se explodem". E assim retornam à comunidade arquetípica, onde a união dos espíritos e dos corpos, tal como um sacramento, torna visível a força invisível que une todos e cada um a este mundo. Seus corpos vibram com a terra que remexem com os pés. Pode-se dizer que celebram uma dessas hierogamias antigas, esponsais sagrados com a "Grande Mãe", essa Terra portadora de todas as suas esperanças.

Havia qualquer coisa de oriental nessas núpcias pagãs. E, num relâmpago, revejo essa festa do vinho de um subúrbio de Atenas, onde um efebo bêbado cristalizava em torno de si a efervescência de uma massa em fusão. Nessa noite grega, sua silhueta, contra a luz, "sombra de Dionísio", projetava-se sobre a multidão em delírio.

Naquele final dos anos 1970, eu escrevia um livro sobre a "sociologia da orgia",[1] onde chamava a atenção para o retorno das paixões coletivas. Na época, isso só podia parecer frívolo. Daí a má reputação que esse livro não deixa de me valer.

Apesar, contudo, de não querer "acompanhar o passo" do teoricamente correto, esse livro não deixava de ser prospectivo. Eu havia lançado as bases intelectuais para compreender essas multidões que se comprimem nos eventos esportivos, musicais, religiosos, políticos, consumistas, que pontuam a vida de nossas sociedades. Fenômenos muito comuns nos dias de hoje.

---

[1] M. Maffesoli, *L'Ombre de Dionysos, Contribution à une sociologie de l'orgie*, 1982, reed., Paris: Edições CNRS, 2008.

Juntamente com o dionisíaco, a tônica era colocada na vitalidade irreprimível que percorre, secretamente, o corpo social. Talvez seja isso justamente o que G.Simmel chama de "rei clandestino" de uma época. Essa intensa energia que, além ou aquém das formas instituídas, assegura a força instituinte do querer-viver coletivo. E essas "eternas crianças" rebolando ao som da música tonitruante são prova disso. Por mais relativas que sejam, esta vida, esta terra, valem mais do que nada. E, já que não se sabe se existe um "mundo do além", melhor aproveitar este aqui ao máximo.

Aí, porém, é que está a questão. Pois, segundo uma longuíssima tradição, a vida é suspeita. E, sob suas diversas formas, a *intelligentsia* — os políticos, os acadêmicos, os jornalistas — tratam de denegri-la. E, sob o pretexto de querer sanar a vida dos males que a afligem, ensina-se, antes, a curar-se da vida. Estranho paradoxo que transforma em precursores da morte aqueles que deveriam dizer e fazer o que é a vida social!

Mais adiante voltarei às origens longínquas, a esse cérebro reptiliano judaico-cristão do desprezo pela vida. Por enquanto, contento-me em lembrar a fábula de Antoine de Saint-Exupéry, *O pequeno príncipe*. Ela alimentou o imaginário de muitas gerações. E passando por várias atribulações — seus contatos com o homem de negócios obnubilado pelo dinheiro, o rei sedento de poder, o acendedor dos lampiões de rua em seu trabalho insignificante, todos personagens que em nada o comovem —, nosso príncipe estelar vai se fascinar na verdade pela serpente. Esse réptil sutil, hostil à vida, leva-o a essa morte, voluntária, que, além da Terra, irá levá-lo de volta a sua estrela perdida.

Aqui, estamos nos antípodas da vitalidade efervescente de que falei. E é importante ver em que a sabedoria mortífera de nossos dinossauros modernos deixa de estar em sintonia com aqueles que dizem sim à vida; sim, *apesar de tudo*, à vida!

Pois é disso que se trata: da extraordinária defasagem das elites intelectuais e políticas em relação às *coisas da vida*. De sua incompreensão de uma vitalidade que lhes escapa. De sua ignorância do víride próprio da vida cotidiana. Aliás, será que conhecem essa palavra? Será que terão alguma lembrança do *Fausto* de Goethe: "cinza é o conhecimento, verde a árvore dourada de vida"? Não se sabe, tão centrados estão em seu modo de pensar, sua maneira de ser, seus valores — democracia, contrato social, cidadania, responsabilidade, autonomia etc. —, que cheiram a um século XVIII e um século XIX que lhes servem de referências teóricas.

Sim, é a onfaloscopia que caracteriza nossa *intelligentsia*: ela contempla o próprio umbigo. De vez em quando ela é despertada, assustada, por alguns ruídos, efervescências, rebeliões vindos do mundo exterior. De um mundo, justamente, onde corre solto esse verde cruel. Mas, na maior parte do tempo, ela cultiva "o entre si mesma" e vegeta isolada numa torre de estupidez e inveja.

Encerramento hexagonal.[2] Recolhimento a um pequeno canto do mundo: alguns bairros parisienses, a

[2] Referência à forma da França nos mapas. (N.T.)

que não se reconhece mais nenhuma superioridade intelectual e que, desde então, comprazem-se na morbidez característica de sua existência medíocre.

Já falei da ignorância crassa dessa "elite" intelectual, jornalística ou política em relação à vitalidade do homem sem qualidade. Mas isso caminha lado a lado, é claro, com sua arrogância. E quanto menos coisas ela tem a dizer, mais ela o diz de maneira peremptória e sem sombra de hesitação.

Assim, as revoltas, as insurreições dos espíritos que vão se expressar frequentemente e de maneiras diversas serão, invariavelmente, "codificadas" nas categorias políticas e/ou econômicas que lhes servem como grades analíticas habituais. A "doxa", a opinião pública, é ela mesma que evita abordar os problemas em sua verdadeira realidade. É preferível vê-los em sua fantasmagoria ilusória. É exatamente isso que prevalece quando os acontecimentos, ou até mesmo os *adventos*, são considerados de acordo com a lógica do "dever ser", de acordo com o que se gostaria que fossem mais do que de acordo com o que de fato *são*. Simples assim.

Aquilo *que é,* simplesmente, não convém, contudo, à arrogância intelectual e à paranoia que a caracteriza. Quero lembrar que paranoia (em sua etimologia *para noien*) é esse conhecimento culminante, o saber total. E que levava Baudelaire a dizer que "Deus é o maior dos paranoicos". Saber desencarnado, também, que não tem mais nada de humano já que não está mais habitado pela dúvida fundadora de toda ação científica. Saber abstrato enfim e, essencialmente, ineficaz por estar minado pelo que Carl Schmitt chamava, ironicamente, de "a câimbra do *sollen*", a câimbra da norma.[3] Tanto isso é verdade que, ao contrário do que se pensa, o juízo de valor e o juízo normativo estão longe de ser bons instrumentos de apreciação.

E, de tanto querer fazer que tudo se encaixe dentro de seu molde de interpretação, passa-se ao largo da dinâmica própria das coisas. Assim, a mutação da sociedade vai sendo analisada, indevidamente, através de pensamentos estabelecidos, à luz (!) dos bons sentimentos e outros refrões moralistas. Uma defasagem desse tipo não é novidade. E é com regularidade que a *intelligentsia* derrapa. Ouçamos a lúcida observação de Chateaubriand: "Considera-se conspiração aquilo que é na verdade um mal-estar de todos, produto do século, a luta da antiga sociedade com a nova, o combate da decrepitude das velhas instituições contra a energia das jovens gerações".

Esse trecho das *Memórias de além-túmulo* é de um atualidade espantosa! Mesmo se elas dão, ainda, a impressão de estar aí, intocáveis, as instituições modernas estão bastante esfoladas, bem como seus apologistas. Sim, é preciso compreender a energia das jovens gerações. E isso não porque há um "juvenismo" no ar, como o fazem com desdém os jornalistas apressados. Mas sim porque, quer se queira ou não, são elas que elaboram os valores sociais em gestação.

---

[3] C. Schmitt, *Ex captivitate Salus*, Paris: ed. Vrin, 2003, p. 253. Para a citação de Chateaubriand, *Mémoires d'outre-tombe*, Pléiade, v. II, p. 342.

São elas que, igualmente, irão vivê-los. Certos mortos-vivos não querem ver na juventude uma categoria sociológica operacional. E com razão. Ela transgride, e muito, os preconceitos teóricos que lhes servem de análise. Esse vitalismo juvenil não é característica de uma faixa etária. Ela é, para citar Durkheim, uma "figura emblemática", ou seja, um totem em torno do qual, conscientemente ou não, a sociedade se agrupa e estrutura. Daí a necessidade de compreendê-lo. Coisa que, exatamente, falta à elite em questão. Essa é a razão porque é preciso enfrentá-la.

É preciso saber que o que Joseph de Maistre chamava de "a mais indispensável polêmica"[4] pertence aos momentos de calma em que o trabalho mais penoso já foi feito e pode-se passar algum tempo em discussões secundárias. Ou seja, enfrentar aqueles que puseram toda sua energia em criticar aquilo que eles mesmos retomam, sem pudor, por conta própria. Ataque alusivo, bem entendido, pois de nada serve mencionar quem não merece.

A polêmica indispensável, de fato, só secundariamente diz respeito às pessoas, pois estas, no fundo, não estão muito envolvidas no caso. As niágaras tépidas dos bons sentimentos que todos os dias são derramadas por determinado artigo jornalístico, determinado ensaio político ou determinado discurso universitário proferido *ex cathedra* são apenas, de fato, aquilo que Lévi-Strauss chamaria de um "efeito de estrutura".

---

[4] Cf. J.de Maistre, *Du Pape*, Paris: Ed. Droz, coleção dirigida por G. Busino, 1966, p. 15.

Significa que quando alguém acredita, com toda boa-fé, estar propondo uma análise original, não faz mais do que servir uma sopa requentada, talvez temperada com algumas côdeas de pão de sua própria fatura. No conjunto, nada de muito apetitoso. Isso nota-se especialmente na uniformidade das resenhas de livros, de filmes, de exposições "que é preciso" ter lido, visto, apreciado. Tudo isso é de um tal conformismo que qualquer espírito, por pouco informado que seja, esforça-se por desobedecer as imposições das patronesses que as proferem.

Podem-se facilmente multiplicar os exemplos nesse sentido. Quer se trate de revoltas juvenis, de efervescências musicais, de incêndios de automóveis na periferia das grandes cidades, está-se imerso *ad nauseam* nos mesmos pensamentos estabelecidos, que podem ser encontrados, idênticos, em alguns boletins paroquiais que partilham dos favores das cortesãs que são os vários protagonistas da *intelligentsia*.

Para expressar tudo isso em termos mais sólidos, esse "efeito de estrutura" é o que Durkheim chamava de "conformismo lógico", ou o que se encontra nas "leis da imitação" de Gabriel Tarde. Uma estranha pulsão animal de fazer, pensar, falar como o outro. Curiosa viscosidade, essa do "entre si", que faz que eu me cole ao outro. E já se sabe há muito tempo: *asinus asinum fricat*. É entre os asnos que é bom se acomodar!

E, enquanto isso, o "país real" vai ficando para trás. Ele não se reconhece mais nessas elites que fornicam entre si. E não é de espantar que ele se renda aos cantos das sereias dos diversos discursos do ódio, da xenofobia e do racismo. Além de serem, na mitologia, seres fabulosos que agem sobre a fantasia do homem, as sereias[5] são, de um modo mais trivial, avisos sonoros que assinalam o perigo iminente ou o limite que não se deve ultrapassar.

O limite, no caso, é aquele que se sente, confusamente, ou se pressente, sem que se esteja bem consciente dele, diante dos opúsculos de ocasião encalhados nas livrarias, dos encantamentos midiáticos dos políticos já meio "altos" ou os "mais ou menos" do jornalismo que serão substituídos no dia seguinte por outros do mesmo jaez; nada disso fornece as bases sólidas indispensáveis para um estar-junto. E então, só para "arreliar" os peões, que nem chegam a ter a sólida autoridade dos professores primários de outrora, vai-se flertar com o demônio. Só para ver no que dá!

Aí está porque convém desenvolver a *polêmica indispensável*. Já disse que não contra as pessoas, mas contra a insuportável deliquescência do pensamento que transforma tudo em análise alimentar. Mas com o paladar entorpecendo-se, não se pode mais falar de uma reflexão "caseira", coisa que poderia traduzir um inegável sentido do prazer, mas, sim, de um "pensamento *fast food*" regado a coca-cola de boa safra. A esse ponto chegou o "conformismo lógico" do "pensar certo" contemporâneo. Para ficar no registro do almanaque Vermot,[6] é porque não se sabe mais "empançar"[7] que fica difícil pensar.

---

[5] Em francês, *sirène*, permitindo um jogo de palavras entre *sereia* e *sirene* (N.T.)
[6] Coletânea do humor popular francês (N.T.)
[7] Meter na pança, comer; trocadilho com *panse*, pança, e *penser*, pensar, que vem a seguir. (N.T.)

É então que o panfleto pode se transformar em "discurso do método". *Stricto sensu*, a partir do que já foi pensado sobre o tribalismo, o hedonismo no cotidiano, o retorno do nomadismo existencial, indicar qual pode ser um caminho. Sentir novamente prazer nas viagens teóricas, nas cristas que permitem uma vista desimpedida, em suma, na audácia dos pensamentos de alto voo. O livro, como dizia Kafka, deve ter a função de "um machado que rompe o mar congelado que existe em nós". É esse o "método" (*meta odos*) panfletário: colocar alguns marcos para alguns espíritos livres que estão cansados dos discursos batidos.

De fato, são poucos os acadêmicos, jornalistas, políticos que tentam escapar ao peso intelectual de suas castas e que recusam o mimetismo dos preconceitos estabelecidos. Poucos, pois é difícil, até mesmo perigoso, não ter o cheiro da matilha. A exclusão ameaça sempre aqueles que não marcham na mesma cadência ou aqueles que pensam de viés. Ortodoxia, quanto nos dominas!

Quando se olham, a longo prazo, as histórias humanas, quando se observa a lenta contaminação das ideias, percebe-se facilmente, contudo, que são os *outsiders* que sempre vencem. Eles são, conforme indica Parsons, os "marginais centrais".

Retomando aqui uma fórmula que venho repetindo com frequência, "o anômico de hoje é o canônico de amanhã." E basta lembrar a figura do poeta maldito do século XIX, dos pensadores isolados (Freud, Marx,

Nietzsche) ou, ainda, daqueles músicos, pintores e outros artistas não convencionais para se ter uma ideia da pertinência dessa proposição. Eles foram, primeiro, ignorados, depois denegridos e, finalmente, plagiados. Seria fácil aplicar um tal esquema nos dias de hoje. E ver como a produção intelectual ou artística proposta por alguns dos "marginais centrais" é retomada, à socapa, pelos notários do saber e do poder.

Isso, porém, não é o essencial. O que nos deve deixar atentos é o fato de que, para usar a expressão atribuída a Freud a caminho dos Estados Unidos, "levar a peste" aos corpos constituídos é o meio mais seguro de desbloquear a situação, de fazer que as elites entrem em sintonia com o povo, do qual deveriam ser a emanação.

Num dado momento, que se parece com o nosso, aquele do nascimento dos *Tempos modernos*, o lento trabalho de contaminação que é o de Spinoza ou Descartes choca-se com a hostilidade rancorosa das várias inquisições e "consistórios" universitários e políticos. Sejam eles católicos, judaicos ou das diversas denominações protestantes, todos ocupam-se em construir mecanismos de controle espiritual e intelectual. E fazem-no com o apoio dos poderes políticos, pois estes sabem muito bem que é quando se ganham os espíritos que se garante a dominação.

As sanções contra as heresias eram das mais violentas, Spinoza publica com cautela, Descartes apresenta-se disfarçado, *larvados prodeo*. Mas suas obras nem por isso deixam de acolher as dissensões societais, substrato do que em longo termo serão as revoltas políticas.

Contra o que Michel Foucault chamava justamente de a "negentropia do saber",[8] é preciso lançar as bases de uma insurreição dos espíritos.

Os instrumentos de controle, hoje em dia, estão um pouco mais "civilizados". É verdade que as bancas de seleção universitária, as salas de redação dos jornais, as diversas assembleias dos partidos políticos e outros comitês editoriais não condenam mais à fogueira, mas, trabalhando de uma maneira tão dissimulada quanto eficiente, não qualificam, impedem a publicação, elaboram a conspiração do silêncio, excluem de qualquer expressão pública aqueles que não têm o cheiro da matilha. Nada de novo sob o sol de Satã!

As barreiras que constroem contra a evolução dos costumes, as crispações doutrinárias contra os objetos de estudo ou os métodos heréticos, tudo isso pode ser considerado como o indício de combates de retaguarda. A homenagem que o vício presta à virtude. Assim indica o antigo adágio *salutem ex inimicis nostris*. A salvação vem de nossos inimigos, pois em suas más ações e em seus excessos eles revelam aquilo que são: inquisidores furiosos que sofrerão o destino reservado a esse tipo de instituição, o destino de uma vitória sem amanhã.

Pois toda vez que um totalitarismo impõe-se, seja econômico, social, político, intelectual, religioso,

---

[8] M. Foucault, *Naissance de la clinique*, Paris: PUF, 1972, p. 12. Cf. também J.I. Israël, *Les Lumières radicales. La philosophie, Spinoza et la naissance de la modernité (1650-1750)*, Paris: Ed. Amsterdam, 2005, p. 32.

pode-se ter a certeza de que ele segrega uma contrassociedade. Uma sociedade em negativo, que, em longo termo, irá triunfar. O tratamento dos hereges, pela violência ou dissimulado, *jamais* conseguirá erradicar totalmente o vírus.

Quanto a isso, os vários boletins paroquiais e os inquisidores que povoam comitês "teódulos" e outros comitês, conselhos ou redações, não terão nenhum poder contra a contaminação informática: "blogs", fóruns de discussão, "Orkut", tudo isso reforça uma nova socialidade na sombra onde se elaboram, talvez com ingenuidade, frequentemente com humor, sempre com sinceridade, as novas regras do espírito pós-moderno.

A revolução psicanalítica, no século passado, demonstrou bem que aquilo que está oculto sempre retorna à consciência sob a forma de destino. Tornando a proposta mais abrangente, pode-se dizer que o mesmo acontece com o escondido, o reprimido, aquilo que é recusado pela sociedade; ele se impõe sempre à consciência coletiva e acolhe essas comunidades de destino que são as tribos contemporâneas. E isso contra todos os poderes estabelecidos.

A internet é o vetor essencial. Ela é para a sociedade de hoje o que a ágora era para as cidades gregas, ou a praça pública para as aldeias e cidades do mundo tradicional. O lugar, o vazio, onde acontece o estar-junto. E alguns intelectuais em declínio, aqueles que Arthur Koestler chamava, expressivamente, de *"call girls* da ciência", tanto quanto alguns políticos desacreditados, sem falar dos jornalistas "maria vai com as outras", todo esse "mundinho" não conseguirá, de modo nenhum, frear a expressão de uma ordem simbólica que se serve das vias subterrâneas da rede informática.

O aspecto irreprimível da palavra herética, quer dizer, da vida instituinte contra o dogmático instituído, lembra aquele pequeno apólogo bíblico referente ao profeta Jeremias. Este faz que seu amigo Baruch transcreva suas frases e manda que as leia ao rei Joaquim. Este, ao final da leitura de cada página, arranca-a e joga-a no fogo, para que não sobre nenhum traço das injunções e vituperações divinas. Não importa, Deus ordena que Jeremias dite tudo de novo.

Esse capítulo 36 do *Livro de Jeremias* é uma boa metáfora.[9] Nada pode fazer calar a fala necessária. Não se podem queimar as palavras que, precisamente, tentam falar da urgência da *fala perdida* e reencontrada. E todos os poderes reunidos nada podem, afinal, contra a força básica que corre subterraneamente pelo corpo social e irriga-o em profundidade. A anomia dos novos meios de comunicação interativos faz o mesmo papel que as correspondências eruditas entre os filósofos heréticos do século XVIII ou que a ação obstinada dos pensadores sociais do século XIX: eles "trazem a peste". E pode-se facilmente apostar que muitas revoltas, muitas secessões silenciosas ou ruidosas extraíram sua dinâmica da insurreição dos espíritos induzida por essa anomia fundamental.

---

[9] *Jeremias*, cap. 36. Cf. também a análise de Hans Jonas, *Souvenirs*, Paris: Rivages, 2005, p. 46.

É precisamente isso que invalida, de fato, os muitos falatórios acadêmicos, jornalísticos ou políticos. Falatórios, aliás, que se apoiam uns nos outros. E um bom critério para reconhecer esses falatórios onipresentes é o modo como eles se remetem uns aos outros. E pode-se ter certeza de que um livro que é resenhado, que é bem recebido unanimemente, que é citado pelos vários protagonistas acima mencionados é um livro ruim. Ou, melhor, não, é um livro bom para essa *intelligentsia* desconexa. Ele pode, indiferentemente, ser escrito pelo político, pelo jornalista, pelo acadêmico. Mas é sempre a expressão de uma "confusão de sentimentos", o fruto de relações incestuosas; pode ser um objeto de pseudoerudição, mas não é uma "coisa pensada".

Quero dizer com isso que esse livro não tem nada a ver com a experiência própria do "estar-junto". Não tem nada que ver com as "coisas em si mesmas" que, segundo Husserl, eram nosso princípio de realidade. Em suma, a experiência do pensamento[10] só tem sentido quando se baseia na experiência coletiva.

Só ela permite ter a certeza de que se está baseado na rocha da realidade. Por mais paradoxal que possa parecer, só ela legitima a visão criadora sem a qual nenhum sociedade pode perdurar. É por causa da falta desse enraizamento dinâmico que o Pensamento Oficial contenta-se em ser uma tecnologia social que traz respostas prontas que podem estar fundamentadas

---

[10] Cf. M. Heidegger, *L'Expérience de la pensée*, in *Question III*, Paris: Gallimard, 1966, p. 23.

racionalmente, que podem ser eficazes em abstrato mas que são, de fato, totalmente inaplicáveis.

O bem-pensar clássico, de fato, baseia-se unicamente numa cultura livresca. Se ele fosse muito instruído, o que está bem longe de ser o caso, poderia dizer-se que o engenheiro social que leva os mais diversos nomes, perito, especialista, consultor... é *doctus cum libro*.

Sem se preocupar com o problema, seja ele qual for, ele já tem a solução que se impõe e que, então, ele vai tratar de impor. O saber e o poder intimamente ligados. É o que se pode chamar de relação incestuosa, característica da tecnocracia moderna. A *libido sciendi* de mãos dadas com a *libido dominandi*.

É esse tipo de confusão que justifica a decalagem existente entre a mudança real, em todos os campos, que acontece em nossas sociedades, e o discurso das elites que permanece espantosamente dogmático, seguro de si e de que possui a Verdade.

Ora, conforme uma sabedoria imemorial, que Rabelais relembra com sua lucidez revigorante, sabe-se que "a verdade em sua forma bruta é mais falsa do que o falso". A brutalidade do conceito deve-se justamente a que, tão próximo quanto possível de sua etimologia (*con-cepire*), ele encerra o que é, essencialmente, instável: a vida. E quem não "faz" conceitos nos dias de hoje? O publicitário, o jornalista, o político, o acadêmico certamente só têm essa palavra na boca. Todos apavorados com o público! Tão inseguros de suas bases espirituais que exageram no oposto, de uma maneira enfeitiçante, ditando aquilo que esse mundo *deve ser*, mundo que, no fundo, tanto receiam. Erguendo muros de proteção um pouco por todo lado — leis, decretos e injunções diversas —, eles participam dessa doença universal da alma que se apossou do mundo moderno.

Bem diferente é a atitude concreta, aquela que cresce (*cum crescere*) com as coisas da vida. Com seu saber incorporado, ela "sabe" que a existência é um perpétuo devir. E que, de acordo com isso, é preciso ser um errante do pensamento. Em outras palavras, ter a humildade de seguir as pistas daquilo que se apresenta empiricamente.

É interessante, como contraponto à arrogância do Pensamento Oficial, lembrar que *humanos*, humano, não vem de *homo*, mas sim de *humus*, daí a *humilitas* de que fala São Bernardo e que é o oposto, justamente, da soberba de um conhecimento seguro de si.[11]

De um conhecimento que permite ao homem ser amo e senhor da natureza. Humildade que está na própria base do questionamento.

O que acontece, porém, com esse "questionar" nesse sistema de saber-poder em que se tem *a priori* a resposta da pergunta? Uma resposta formulada de tal maneira que implica a proibição absoluta de questionar, de se questionar. É essa a característica dos "responsáveis" de todo tipo: supõe-se que eles têm de responder a tudo, responder no lugar de todos.

---

[11] São Bernardo, *De consideratione*, II, 13, citado por Pascal David, *Heidegger et la récusation de la question "Quid est homo"*, em B. Pinchard, *Heidegger et la question de l'humanisme*, Paris: PUF, 2005, p. 310. Cf. também M. Heidegger, *Introduction à la métaphysique*, Paris: Gallimard, 1967, pp. 149-50.

Há algum tempo, chamei isso de "violência totalitária" (1979). Violência desse doce totalitarismo que leva à assepsia da vida social.[12] Mas é querendo assegurar tudo, quer dizer, dar uma resposta abstrata a todas as coisas, que se "enerva" um corpo social. *Stricto sensu*, é assim que se removem dele os nervos que garantem a postura e a solidez de um dado conjunto.

É tendo isso em mente que, além das garatujas costumeiras do Pensamento Oficial, é preciso encontrar um *estilo* que saiba apontar (estilete) e descrever com a pena[13] aquilo que *é*. Digo: um pensamento questionador que saiba minar em profundidade os andaimes de todos aqueles que, maldosamente, F. Pessoa chamava de "cadáveres adiados que procriam".

---

[12] Cf. *La violence totalitaire*, 1979, em *Après la modernité?*, Paris: Edições CNRS, 2008.
[13] Trocadilho entre *style*, estilo, estilete, e *stylo*, caneta. (N.T.)

2. A PARANOIA DO SABER-PODER

Nada é mais fatal do que as ideias únicas, mesmo as nobres, aquelas em que se acredita fanaticamente.
Isaiah Berlin

"A história da sociedade moderna começa aos pés da cruz." Essa observação de Chateaubriand, em *Mémoires d'outre-tombe*, é de uma grande lucidez,[1] tanto que, dentro do caminhar do monoteísmo judeu, o cristianismo foi progressivamente erigindo a arquitetônica da modernidade. E a tal ponto que, ainda nebuloso na tradição judaica, vai se tornar cada vez mais preciso para a civilização cristã, e depois para o Islã, o conceito de uma vida no "além".

É essa a verdadeira exceção cultural que caracteriza o monoteísmo semítico e que vai constituir seu monoideísmo. Sua constante obsessão. Em suma, uma economia da salvação baseada no desejo de uma vida melhor no além. O que, em sua essência, tende a invalidar ou pelo menos a relativizar este mundo, que seria estruturalmente imperfeito, mau e pouco interessante. A verdadeira vida estaria em outro lugar.

Isso já foi dito de várias maneiras, inútil repetir mais uma vez. Basta relembrar que é essa tensão na direção

---

[1] Chateaubriand, *Mémoires d'outre-tombe*, Paris: Ed. Pléiade, v. II, p. 312. (Existe uma edição portuguesa, *Memórias de Além-Túmulo*, da Porto Editora – N.T.)

de um mundo por vir que vai acolher essa grande concepção *metafísica* própria da tradição ocidental. Concepção que convém compreender em seu sentido estrito: o que é importante está além da *physis*. Quer dizer, além da vida física. Além da natureza. Além do sensível e de seus prazeres *mundanos*.

Para dizê-lo de maneira mais peremptória, é uma sensibilidade que vai engendrar logicamente, de fato, um ódio ao mundo: "*mundus est immundus*". Este mundo é imundo. Essa fórmula de Santo Agostinho vai moldar por longo tempo o inconsciente coletivo da modernidade. Na perspectiva agostiniana, trata-se de rebaixar ao máximo a natureza humana a fim de realçar a graça divina. É o que Lutero vai acentuar a seguir, ele que só via sujeira e corrupção nessa natureza e que nega qualquer colaboração que o homem possa dar para sua salvação.

Esta foi apenas uma breve lembrança para ressaltar que se encontra nessa sensibilidade a origem do medo à vida, própria da *intelligentsia* contemporânea: não àquilo que *é*, em função daquilo que *deveria ser*. O hipotético "baixo-mundo", para retomar a fórmula de Nietzsche, serve de justificativa para a estigmatização, a invalidação, a negação daquilo que se dá a ver e daquilo que se dá a viver.

É verdade, a "Cidade de Deus" não deve ser procurada no céu. O paraíso não é mais celeste. Mas os vários "resmungões" que se apresentam como modelos a seguir ou que passam seu tempo indicando que caminho deve ser seguido, sem saber muito bem quais sejam, só fazem retomar a economia da mencionada salvação teológica.

A mística vai dar na política, conforme já foi lembrado. E o inconsciente dos observadores sociais e o voluntarismo dos políticos de toda espécie baseiam-se no postulado de que o povo, sob esse aspecto próximo da *natureza*, é intrinsecamente incapaz de compreender o que é bom para ele e, *a fortiori*, de agir para o bem comum.

O político, baseando-se no *expert* intelectual, apenas leva às últimas consequências o desprezo por uma natureza humana incapaz de colaborar para sua própria salvação. Traduzindo tudo isso em termos mais profanos: o povo, considerado, no melhor dos casos, como uma criança imatura, no pior dos casos como um débil mental retardado, deve ser tomado pela mão, "a gente" precisa pensar e agir por ele e, se necessário, contra ele. Sempre tendo uma explicação racional para justificar o que é apenas uma mera crença, uma convicção "íntima" ou, pior, um simples estado de espírito.

Estados de espírito — orgulho, vaidade, suscetibilidade, e todo o resto —, tudo muito humano mas que não precisa de uma racionalização para transformar-se em verdade. Mas é verdade que questões de "gosto" podem gerar consequências consideráveis! "Se o nariz de Cleópatra fosse menor, a face do mundo..."

Em seu volumoso *Tratado de sociologia geral*, Vilfredo Pareto demonstra bem o papel essencial que desempenham as "legitimações" e as "racionalizações" no decorrer das histórias humanas. Por outro lado, observador irônico das fraquezas humanas, em seu adequadamente chamado *Mythe vertuiste* ele chamou a atenção para o grau de hipocrisia inerente a todos os bons sentimentos político-jornalista-intelectuais que se apresentam como se fossem análises sociais.[2]

Como acontece frequentemente, contudo, é a ficção que melhor esclarece nosso tema. Em inúmeros campos, a lucidez de A. Koestler é particularmente estimulante. É verdade que algumas de suas ideias cheiram a enxofre, mas isso é um bom sinal. Sinal de que ele escapa à matilha dos bem pensantes. Além disso, ele viveu aquilo de que fala, o que demonstra a profundidade de sua reflexão.

Assim é em *La lie de la terre*,[3] onde ele conta, com um humor áspero matizado pelo desespero, como o jornal *L'Humanité*, órgão oficial do partido comunista francês, descrevia em 24 de agosto de 1939 a reviravolta que representava o pacto germano-soviético como sendo um supremo esforço de Stalin para impedir a guerra imperialista que se aproximava!

Vocês poderão me dizer que há exemplos mais recentes de hipocrisia diplomática. E, só para tomar os mais significativos, Bush e Blair não ficam nada a dever quanto à guerra no Iraque. Mas o romance de Koestler é, aqui, mais instrutivo por demonstrar a mecânica dialética que elabora "a explicação pronta"

---

[2] V. Pareto, *Traité de sociologie générale*, Paris: Ed. Droz, 1968, e *Le Mythe vertuiste. Traité de littérature immorale*, Paris: Ed. Droz, 1966.
[3] Publicado em inglês sob o título *The Scum of the Earth* (A escumalha da terra – N.T.).

para cada ocasião. Dialética que lembra "aqueles prestidigitadores que tiram um ovo de cada um dos bolsos do casaco e até mesmo do nariz de um inocente espectador".[4]

Isso é instrutivo, pois é a mesma "explicação pronta" que se encontra, tanto faz se à direita ou à esquerda, nas múltiplas sessões do Pensamento Oficial contemporâneo. Os *talk shows* fazem disso um prato cheio. Em seu tom inimitável, o canal France Culture faz disso a alma de seu negócio. Sem falar de todos esses festivais da reflexão ofertados por nossos boletins paroquiais e que transbordam com o mesmo *regurgitar* de bons sentimentos. Nada mais que um monte de coisas mastigadas temperadas com pitadas do "pensar corretamente".

Num *entre-si* incestuoso, as eternas e idênticas pessoas "autorizadas", numa mistura indistinta, dedicam-se a enganar alguns incautos que ainda ouvem ou leem suas explicações sobre como salvar os móveis quando é a casa inteira que está pegando fogo.

Pois é exatamente esse o problema. Afinal, é preciso de tudo para se fazer um mundo. Em sua crença simplória num progresso social contínuo, os "republicanistas" de todos os tipos poderiam continuar a fornicar em conjunto em seus múltiplos simpósios, congressos e outros colóquios repisados. Mas suas "explicações" pré-fabricadas levam a consequências imprevistas. É o que certos sociólogos (entre eles Jules Monnerot) chamam de "heterotelia", um resultado diferente daquele que tinha

---

[4] A. Koestler, *La lie de la terre*, Paris: Calmann-Lévy, 1971, p. 32.

sido previsto. Em termos menos herméticos, um efeito perverso.

A visão metafísica (economicista, produtivista) da *Civitas Dei* celeste, ou da sociedade perfeita terrestre, levou pouco a pouco à devastação deste mundo. A intoxicação produzida pela leitura, bulímica, de todos os jornais possíveis, levou, por um lado, a que a elite se abstraísse da vida real, dando-lhe uma visão distorcida, o que, por outro lado, pode reforçar o desinteresse cada vez maior pelo bem comum real. Devastação do mundo do espírito coletivo. A responsabilidade de nossos "responsáveis" autorizados, como se pode ver, não é pequena.

A devastação acontece, de fato, quando se quer ir contra a natureza. Forçá-la de alguma maneira. Isso quando, pelo contrário, ela dá o melhor de si mesma quando se permite que as coisas aconteçam por si mesmas. É esse o ensinamento que se pode extrair do mecanismo de abstração próprio à tradição judaico cristã, ocidental ou moderna.

Pois é bem de abstração que se trata no bem-pensar contemporâneo. É ela que está na origem do autismo galopante que aflige a *intelligentsia*. É ela que se encontra na arrogância racionalista dos tecnocratas de todos os matizes. É ela que move a cantilena, quero dizer, as "invocações" que pontuam os discursos, artigos ou decisões com essas palavras tão grandiloquentes, tão despidas de sentido que são cidadania, democracia, progresso social, república, comunitarismo. Essa abstração é tão mais brilhante, mais categórica, e mais autoconfiante quanto mais desligada de tudo. A abstração é o fio condutor que se encontra em todo o Pensamento Oficial.

Pode parecer estranho basear uma polêmica numa ideia que possa parecer, apenas, de ordem filosófica. Porém, como já disse, para evitar discussões secundárias, é preciso se ater aos princípios. Cabe ao leitor honesto aplicar esses princípios às situações particulares e às pessoas determinadas que os ilustram constantemente. E é preciso dizer que, nos dias de hoje, esses exemplos abundam.

O princípio essencial é, num movimento duplo, a fuga do mundo — a verdadeira vida está em outro lugar — e o ódio a este mundo — que convém superar. Já mencionei a fórmula agostiniana que pode resumir essa sensibilidade. Lutero, num momento decisivo dos tempos modernos, reatualizou essa negação do mundo.

E, um pouco mais tarde, Descartes dá a esse tipo de atitude suas cartas de nobreza filosófica. De fato, no realismo próprio do tomismo ainda havia uma certa submissão do pensamento à realidade, com a dignidade do ato cognitivo repousando sobre a famosa *adequatio rei et intellectus* que expressa a concordância entre o intelecto e as coisas, ao passo que com o idealismo cartesiano é a independência diante dessas mesmas coisas que será considerada como a característica do pensamento: *cogito ergo sum*.[5]

---

[5] Cf. a análise de Jacques Maritain, *Trois réformateurs – Oeuvres complètes,* tomo III, p. 486, e o comentário de G. de Thieulloy, *Le chevalier de l' absolu. Jacques Maritain entre mystique et politique*, Paris: Gallimard, 2005, p. 110.

Na investida da abstração sobre este mundo, é a independência do espírito diante da vida concreta que se torna o fundamento da arrogância própria *daquele que sabe*. O acadêmico, o jornalista, o tecnocrata, o especialista autocelebram-se uns aos outros e vivem numa endogamia que, como sempre acontece, só pode gerar monstros.

Os verdadeiros elementos teratogênicos de nossas sociedades não são os deliquentes das periferias, nem os que mergulham nas *raves* em êxtases musicais, nem os adeptos do *piercing* e das tatuagens. Não são tampouco os que frequentam os motéis de troca de casais, os praticantes das seitas religiosas ou da *deep ecology*.[6] Tudo isso de fato desenvolve-se de modo exponencial e está em vias de constituir, no relativismo pós-moderno, uma espécie de "normalidade". Seja como for, são fenômenos aceitáveis e elementos em tudo integrados à vida contemporânea.

Não, se monstros existem são aqueles que têm a pretensão a um saber absoluto. O saber do Universalismo. O saber da coisa *em si*. São esses os verdadeiros paranoicos. São perigosos pois é em nome desse saber absoluto que se abriram os campos de concentração. Ou que os justificaram. O universalismo sempre foi o berço do totalitarismo.

O totalitarismo em questão pode ser o do racionalismo dogmático ou o do cientificismo sem horizontes, pode ser também aquele do republicanismo obtuso. Pode ser o totalitarismo duro dos campos de concentração ou esse

---

[6] Ecologia radical. (N.T.)

outro, mais suave, de nossas democracias ocidentais. Entre eles não há qualquer diferença de natureza. Apenas de gradação.

Quando se tem certeza da existência de um ou mais valores universais, quando se pensa que existe *uma* Verdade, quando se está seguro de que a Moral é uma coisa geral que se aplica a todos os lugares e épocas, a inquisição não está longe. E nesse momento seus protagonistas irão sem dúvida sacrificar algum bode expiatório para celebrar e confortar o Universalismo, a Verdade, a Moral, a Ciência ou outro Deus único do mesmo calibre.

Observem que o motor do universalismo inquisitorial é a questão do *por quê*. Isto é, qual a finalidade, tendo em vista o quê, etc. Em suma, o sentido só existe se houver uma finalidade. Se houver um objetivo a alcançar: o céu, a sociedade sem classes, a Ciência perfeita e outras conversas fiadas do mesmo tipo. E é porque há um objetivo a alcançar que é possível justificar que se prenda, exclua ou mande para o ostracismo, ou mate, tudo para o bem daqueles que "não sabem de nada".

Essa tendência inquisitorial está estampada na cara dos que são seus protagonistas. Eles pensam claramente e caminham em linha reta. O "delito de ter a cara errada" não se aplica só ao árabe pobre ou ao negro que tem de mostrar sua carteira de identidade numa esquina ao "tira" que tem sua "cota de produção" a cumprir por meio do controle de tantos ou quantos delinquentes em potencial. Na verdade, a "cara" do terrorista intelectual pode ser encontrada na figura frustrada das senhoras que, conforme o caso, patrocinam o feminismo ou a Ciência, no olhar sorrateiro do jornalista "vira-lata" ou na expressão frígida do tecnocrata ou do especialista que, sem nenhuma dúvida na cabeça, se vê confirmado na justeza da explicação que fornece. Em cada um desses casos, dá para vê-los com o dedo no gatilho do revólver do "por quê".

Recordemos o poeta querúbico Angelus Silesius: "A rosa não tem por quê". É exatamente esse "sem porquê" que está na origem do distanciamento que se toma em relação à coisa política, à vida sem qualidade, aos pequenos prazeres do cotidiano, coisas que não precisam de projetos, de finalidades, de objetivos, mas que dão o máximo de sentido ao momento presente.

Esse é o problema. Tendo-se abstraído do mundo, tendo assentado o poder do saber sobre a independência do espírito diante das coisas em si mesmas, nossas elites intelectuais, jornalísticas ou políticas não conseguem mais distinguir o fundo do leito da existência contemporânea. Não conseguem mais compreender seus efeitos. E, claro, são de todo incapazes de penetrar em seus meandros.

Seria possível dar um simples conselho? Todos esses que ficam dando lições serão capazes de aceitar a lição que lhes dá o mundo? Quer dizer, não mais funcionar sobre um saber (poder) *a priori* mas pôr em ação uma inteligência que, mais próxima de sua etimologia (*intelligere*), repousa sobre a capacidade de apreender a relação das coisas entre si. No caso, não mais se deixar obnubilar pela questão do "por quê" e atentar para a questão do "como". Era essa a posição de Schopenhauer em filosofia, de G. Simmel na sociologia.[7] Tudo é fenômeno. Não existe a coisa em si. Nao existe uma Verdade Universal. E a dignidade de nossa espécie humana está em apreender as redes que unem esses fenômenos e a lógica secreta que os move.

Esse tipo de relativismo saudável, contudo, está longe de ser atual, tamanho é o enraizamento estrutural dos patrocinadores do "social". Trata-se de um idealismo que é preciso compreender em seu sentido filosófico e que, na vida cotidiana, está impregnado pelas piores torpezas. Com efeito, é em nome do Ideal científico que se assestam os golpes mais perversos e ignominiosos nas inúmeras guerrinhas universitárias. O Ideal da imparcialidade jornalística mal oculta o conformismo dos rebanhos que, segundo o filósofo G. Lukács, frequentemente faz dos jornalistas seres "sem subjetividade nem objetividade". Quanto ao Ideal do político a serviço do bem comum, na maior parte do tempo é um nariz de cera que mal oculta as mais sórdidas querelas pessoais.

O inferno está cheio de boas intenções, nos lembra a sabedoria popular. E os bons sentimentos de um idealismo moral de fachada nada mais são que a falsa moeda de troca desse Idealismo filosófico para o qual pouco importa o que é de fato a realidade em sua banal trivialidade.

Do que não há dúvida é que é em nome desses idealismos (moral e filosófico) que se elaboram as técnicas da mentira mais apuradas. A mais sutil delas

---

[7] Cf. F. de Sanctis, *Schopenhauer et Leopardi*, Paris: ed. L'Anabase, 2002, p. 40, e P. Watier, *Georg Simmel*, Paris: Ed. Circé, 2002.

é aquela que consiste em mentir a si mesmo e que atinge um tal grau de perfeição que a expressão *boa--fé* não tem mais sentido nenhum. Quantas vezes não ouvi, pessoalmente, em inúmeras bancas universitárias, um colega fazer publicamente tonitruantes e tocantes declarações de intenção sobre a necessidade do pluralismo teórico ao mesmo tempo que, em manobras de corredor, consegue excluir aquele ou aqueles que resistem demais ao positivismo predominante!

Mentir a si mesmo como forma derradeira da mentira contra os outros torna-se um hábito nas sociedades que perderam a fé nos valores que defendem. Nisso consiste o processo de encantação: gritar em alto e bom som, como para convencer a si mesmo, aquilo em que não mais se acredita e assim dar a si mesmo, bem baratinho, uma consciência tranquila, da qual todos se orgulham.

Com a lucidez pela qual é reconhecida, Hannah Arendt criticava sem tréguas esses intelectuais que se escondem por trás de suas teorias e que assim vivem em seus castelos nas nuvens.[8] Essa observação pode ser estendida ao conjunto da *intelligentsia* que, tecnocraticamente, cientificamente, voluntaristicamente, faz e refaz o mundo tal como ele "deveria ser", tal como ela gostaria que ele fosse, sem se preocupar com aquilo que ele é na realidade.

Faz tempo que Aristófanes zombou de todas essas "Nuvens" filosóficas. E, no entanto, elas continuam a

[8] H. Arendt e H. Blücher, *Correspondance*, Paris: Ed. Calmann-Lévy, 1999, pp. 227 e 231.

alimentar essas paranoias tecnocrático-intelectuais de consequências as mais nefastas! Paranoias que não são excepcionais, mas sim, pelo contrário, demasiadamente banais. Dessa "banalidade do mal" que H. Arendt observava, para azar dos moralistas, em Eichmann. Banalidade desses pequenos males cotidianos que se percebem na exclusão, na calúnia, na maledicência e em outras formas de ostracismo características do "bem--pensar" oficial.

Como se vê, a abstração racionalista e voluntarista da *intelligentsia* está na origem de todas essas incivilidades intelectuais ou institucionais que são bem mais nocivas do que se pensa. Se não por outra coisa, pelo simples fato de que justificam, teoricamente, as incivilidades cotidianas, a dos pequenos delinquentes da periferia e aquelas dos anômicos de toda espécie que passou a ser de bom-tom estigmatizar.

Lévi-Strauss não hesita em suspeitar que a Revolução Francesa esteja na origem das "catástrofes" que se abateram sobre o ocidente. Porque ela destruiu as liberdades reais em nome de etéreas abstrações.[9] Essa observação é provocativa, mas que confirma tanta coisa, tem o mérito de fazer que se preste atenção às consequências de longo prazo do mecanismo de abstração (intelectual, tecnocrático, político) que não se deixa tolher por uma realidade constituída pela lenta sedimentação dos usos, costumes, maneiras de ser e outras formas da cultura humana.

[9] C. Lévi-Strauss, *De près et de loin*, Paris: Ed. Odile Jacob, 1988, p. 165, e *Le regard eloigné*, Paris: Plon, 1983, p. 380.

É exatamente contra a abstração em seu idealismo brutal e desencarnado que se deve promover a antiga sabedoria do discernimento. Aquela que, com humildade, sabe reconhecer o vasto monumento vital e apreciar sua insondável fecundidade.

3. INCIVILIDADES DO "BEM-PENSAR"

*É preciso deixar que os outros tenham razão,
isso os consola por não terem outra coisa.*
André Gide

A violência está no ar. Mas posso propor uma hipótese um pouco incômoda? É o idealismo que, querendo forçar a realidade a se ajustar ao molde do espírito, é o modelo e a justificativa teórica de todas as violências empíricas.

Paul Valéry falava, com razão, da brutalidade do conceito. Exatamente por essa tendência que tem o conceito para coagir o mundo e fazê-lo corresponder aos modelos predeterminados. É essa brutalidade, a brutalidade da certeza, da arrogância intelectual, que pode ser considerada como o paradigma de todas as formas de incivilidade.

Claro, ninguém se atreve a dizer isso e prefere-se projetar nossa própria sombra sobre o mundo exterior. Os que são um pouco cultos podem se lembrar de que sob a realeza, dava-se uma chicotada no " menino"[1] quando o príncipe real tinha feito alguma coisa errada. Nosso "menino", hoje, é o jovem meio marginal, o protagonista da musica gótica, o novo nômade para

---

[1] Em francês, *menin*; em espanhol, *menino*, designando um jovem nobre que era companheiro das crianças reais; na França, jovem gentil-homem a serviço do delfim. (N.T.)

quem o trabalho não é mais um valor essencial, aquele que frequenta as *raves* e é suspeito de usar todas as drogas possíveis. Em suma, esse "bárbaro" que está a nossas portas mas que não responde, não mais responde, às injunções de uma sociedade produtiva e puramente racional. A essas figuras anômicas está reservado o chicote. São eles a quem devem ser estigmatizados, mandados para o ostracismo, a quem se deve tentar excluir. Mas não é essa uma maneira cômoda de esquecer onde estão as verdadeiras responsabilidades? Muitas vezes o inimigo declarado é nossa própria dúvida interior exteriorizada.

Há misteriosas correspondências no corpo social. E os pensadores mais sutis, os historiadores mais alertas ou, mais recentemente, os psicólogos chamam a atenção para a importância do "murmúrio dos fantasmas", das criptas e outras vias subterrâneas que unem de modo "holístico" aquilo e aqueles que haviam sido separados de um modo demasiadamente distinto.[2] A "distinção", aí está um modo de ver mais abstrato do que qualquer outra coisa. Expressão de uma lógica esquizofrênica, sistema fechado, tanto mais lógico e sólido quanto totalmente estranho à mais simples das realidades.

A realidade funciona à base de uma constante interação. *Stricto sensu*, sobre a base de uma ordem simbólica em que os diversos elementos da complexidade correspondem uns aos outros como movidos por uma lógica interna das mais sólidas.

[2] Faço aqui remissão a toda a obra de G. Durand e em especial a *Estruturas antropológicas do imaginário* (1960), que reatualiza a função do arquétipo. Cf. também B. Cyrulnik, *Le murmure des fantômes*, Paris: Ed. Odile Jacob, 2003.

É assim que, numa palavra, a violência do delinquente corresponde à violência em ação nas diversas instituições do Pensamento Oficial.

De que é feito esse pensamento? De boatos, pequenas e múltiplas maledicências, malvadezas anônimas e outras mesquinharias cotidianas. Com sua pena aguda e um tanto altaneira, Chateaubriand descreveu bem tudo isso. "São os ciúmes, os ódios, as vaidades da literatice, à vontade sob uma covardia que, não mostrando seu rosto, não pode ser desvendada por uma bofetada".[3] Mas só um belo tapa na cara seria a resposta adequada a todos esses cavaleiros de triste figura que, como sacerdotes convictos de possuir a Verdade, são capazes das piores ignomínias em nome do Deus de plantão: Ciência, República, Democracia, Progresso.

Esses se apresentam como os servidores do Verdadeiro e da Razão. Mas suas indelicadezas mostram que a ambição e o ciúme lhes corroem as entranhas! Vejam só, brincando um pouco com a *língua dos pássaros*,[4] é o caso de lembrar que esse grande capitão da Guerra dos Cem Anos, companheiro de Joana d'Arc, Xaintrailles, era chamado de La Hire.[5] Relação constante entre as entranhas e a cólera.

---

[3] Chateaubriand, *Mémoires d'outre-tombe*, Paris: Pléiade, tomo II, p. 546.

[4] Na cultura francesa, referência a um jogo de palavras com base nos sons proferidos que intencionalmente colocam o ouvinte numa pista errada quanto ao que se está dizendo. Por exemplo, "Ce tem bruxove?" como forma elíptica de "você tem bruxove?", numa expressão que "de fato" está dizendo "setembro chove?", *em setembro chove?*. (N.T.)

[5] Xantrailles, em francês, aproxima-se de *entrailles*, entranhas, o ventre, metáfora para humores. E Hire, em francês antigo, significa ira. Alegoricamente, e de modo erudito, o autor sugere que os intelectuais que recusam aceitar suas entranhas, seu ventre (a subjetividade), são, pelo retorno do que é recalcado, dominados pela própria ira, pelos seus próprio humores antes negados. (N.T. informada pelo autor.)

Essa comparação, porém, é uma honra excessiva para eles. Melhor dizê-lo de modo direto, como Aldous Huxley bem mostrou: o fantasma do Melhor dos Mundos leva ao contrário desse mundo. E todos os extremistas dos anos 1960, que se tornaram os novos tabeliães no lugar daqueles que eles xingavam, em nome de um amor abstrato pregam um ódio concreto. E agem em conformidade.

Intelectuais midiáticos, professores da universidade, grandes repórteres, ministros e outros que decidem, formam igrejinhas cujas sentenças, em seguida a julgamentos sumários, são irrecorríveis. Como disse muito bem Gay Hocquenghem, eles "passaram do colarinho *alla* Mao ao Rotary Club"[6] e suas práticas acompanharam logicamente essa reviravolta. A hipocrisia lhes serve de moral.

E como detêm o poder institucional, formam as gerações que os seguem e que estão sujeitas às mesmas técnicas que se tornaram para eles uma verdadeira arte de viver.

Para ficar com um exemplo entre mil, no pequeno mundo universitário o plágio é frequente. A prática desse tipo de assalto tornou-se moeda corrente. E essa instituição antigamente prestigiosa, a Escola Normal Superior, foi pega em flagrante.[7] Mas como nada disso impressiona mais, esses batedores de carteira querem

---

[6] G. Hocquenghem, *Lettre ouverte à ceux qui sont passés du col Mao au Rotary Club*, Paris: Ed. Albin Michel, 1985.

[7] Cf. o plágio feito por um pesquisador do seminário de ciências sociais (dirigido por Badelot e Beaud da ENS, www.technikart.com/2006). Remeto a meu livro *Le réenchantement du monde*, Paris: Ed. de La Table Ronde, 2007, no qual chamo a atenção para a prática desses sicofantas.

esconder seus golpinhos deslegitimando, sob diversos pretextos, aqueles que são suas vítimas. Acusam-nos de não serem suficientemente científicos, de não terem método nem rigor intelectual, de serem "ensaístas" e outras gracinhas do gênero.

Digamos mais simplesmente que, retomando a antiga prática dos sicofantas atenienses, decretam como sendo publicamente indignos aqueles cujos bens serão em seguida sequestrados. A técnica é eficaz.

Para tanto, pratica-se a conspiração do silêncio, isola-se sub-repticiamente esta ou aquela ideia, procede-se a leves mudanças na terminologia utilizada e, para coroar tudo, coloca-se no Índex os livros que são por eles pilhados proibindo aos estudantes que os leiam e que citem esses autores sulfurosos.

Em que diferem essas incivilidades intelectuais das incivilidades de que são acusados os "ladrões de galinha de nossas periferias"? Não será que aqueles justificam estas?

Há muito se sabe que não existe remédio para a maldade das maledicências comuns. A má reputação, como ironicamente indicava Cocteau, é mesmo a única coisa do mundo que se dá a alguém sem pedir que seja devolvida. Mas é preciso ter a lucidez de reconhecer que tudo isso nos constitui, que estamos encharcados por tudo isso. E que é inútil e desonesto projetar esse "húmus" sobre o outro, os bodes expiatórios e as múltiplas figuras anômicas.

Como disse, a violência está no ar. É isso que constitui a tragédia da existência. Aceitando essa realidade, pode-se sensivelmente relativizá-la e evitar que ela se torne demasiado insuportável porque demasiado sub-reptícia. Rimbaud, poeta e marginal, lembrava que a "luta entre os espíritos é tão brutal quanto a batalha mais sangrenta". Ele sabia do que falava, uma vez que quase deixou a pele nesse combate.

E é em todos os domínios que a guerra das palavras faz misérias. Mudando um adágio cartesiano, símbolo da modernidade, Carl Schmitt não hesitava em dizer: "Penso, logo tenho inimigos".[8] Essa é uma constante antropológica, um instinto básico do animal humano. E reconhecendo com lucidez a realidade, podem-se limitar as consequências mais nefastas e evitar que o dogmatismo a tudo sufoque.

Pois é exatamente o dogmatismo, seja qual for sua "cor", que está na base da *libido dominandi*.

E há momentos em que esse dogmatismo torna-se particularmente rígido e intolerante — o que não deixa de gerar uma cesura profunda e insuperável entre o *instituído*, ronronando suas certezas de um tempo passado, e um *instituinte* audacioso e inventivo. Sob esse aspecto, pode-se mencionar esse momento fundador que foi o das "Luzes radicais" (1650-1750) quando, contra as diversas escolásticas e as múltiplas inquisições, afirma-se, primeiro sub-repticiamente e depois de um modo cada vez mais aberto, a *"libertà di conversare"*. Liberdade que convém entender em seu sentido mais amplo possível. Aquela de uma

---

[8] C. Schmitt, *Ex Captivitate Salus*, Paris: Ed. Vrin, 2003, p. 331.

libertinagem do espírito que corresponde a uma liberação dos costumes. A busca intelectual e a busca sensual estavam estritamente ligadas. E a filosofia, a obra do Marquês d'Argens, *Thérèse Philosophe* (1748) o demonstra, já que estava na cabeceira do prazer sexual. É essa concepção holística da realidade natural e social que, para além de uma concepção unívoca e absoluta do Bem e do Mal, instaura progressivamente uma verdadeira ética da relatividade.[9]

Os múltiplos romances eróticos dessa época prefiguram a obra do Marquês de Sade. Promovem o elogio da masturbação e das experiências sexuais as mais bizarras, mas tudo isso ilustra, essencialmente, uma profunda rebelião contra o conformismo intelectual e moral dominante.

Não fica fora de lugar traçar um paralelo com a situação contemporânea. Essa pós-modernidade nascente, que o conformismo e a preguiça intelectual recusam-se a qualificar como tal, mostra uma intensa agitação cultural que ensaia, espiritual e existencialmente, o que serão os futuros modos de viver.

Materialismo místico, espiritualismo corporal e outros oximoros do mesmo tipo é o que está sendo gestado enquanto nossa *intelligentsia* patina num *entre-si* morno e tenta remendar o edifício corroído do Pensamento Oficial. Assim agindo, esse pensamento é incapaz de apreender os motivos ocultos que animam

---

[9] Baseio-me aqui em J.J. Israel, *Les Lumières radicales. La philosophie, Spinoza et la naissance de la modernité* (1650-1750), Paris: Ed. Amsterdam, 2005, pp. 127-8, p. 807, nota 94.

a realidade interior desta época. Algo que eu chamaria, de um modo que pode parecer paradoxal, de raízes aéreas, graças às quais as novas formas de solidariedade, as diversas manifestações de generosidade, próprias das novas gerações, se enraízam profundamente nos arquétipos da espécie, valores ctônicos,[10] os valores de Dionísio, sem esquecer um ideal, mais nebuloso, que caracteriza Apolo.

É por serem incapazes de identificar e, portanto, de compreender essa dialógica, que se pode qualificar de "hermesiana", que as elites políticas ou intelectuais aos poucos sucumbem a uma espécie de linfocitose, essa decomposição dos glóbulos vermelhos que gera uma doença invisível porém bem mais mortal que qualquer ferida aberta.

Com efeito, padecem de anemia os dogmáticos de todo tipo que continuam a se repetir remoendo suas análises batidas sobre o individualismo, o narcisismo, o egoísmo, a perda do senso público, o recolhimento à esfera privada e outras ladainhas do mesmo calibre. Mas, como todos os velhos rabugentos, transpirando humores malsãos, não passam de uns mal-intencionados que tratam de utilizar suas últimas forças para impedir o aparecimento de modos atrevidos de pensar e das experiências ousadas.

Tudo aquilo que é verde os assusta. Mas seu *poder* de perturbar, como tudo que está ultrapassado, ao final nada pode contra a *potência* existencial que, teimosa,

---

[10] Referência, na mitologia grega, às divindades infernais, opostas às celestes. (N.T.)

animal, sabe de saber sabido que a vitalidade triunfa sobre as formas esclerosadas e mortíferas.

Retomando uma (judiciosa) expressão de V. Pareto, pode-se dizer que a "circulação das elites" está garantida quando, exatamente, aquela que está em vias de extinção, no auge de seu poderio institucional, acomoda-se em suas fixações dogmáticas preconceituosas. Certa de ter razão, saqueia a Verdade. Donde essas práticas histriônicas, frequentes nos programas de entrevista da televisão, nas "universidades" de verão e outros congressos políticos, nas páginas de "reflexão" dos jornais sólidos e nos inúmeros colóquios universitários onde se pratica uma espécie de *ventriloquia* intelectual.

Por trás de uma pretensa análise objetiva, percebe-se, ouve-se, rosnando, a voz obcecada daquilo que nada mais é que um narcisismo autoconfiante.

Voz que retoma, ao infinito, essas belas ideias que a seu tempo foram revolucionárias e que se tornaram obsessões de velhos senis, guardiães do Pensamento Oficial do Partido Revolucionário Instituído. Inúmeros são aqueles que, à esquerda e à direita, participam desse PRI que celebra, numa elegia sem fim, a democracia, o trabalho, a fé no Progresso, a política e outras litanias nas quais ninguém mais presta atenção.

A seu tempo, e cada um a seu modo, Descartes e Spinoza se levantaram contra isso. Em nossos dias, é preciso identificar as maneiras ardilosas que são as da rebelião contemporânea. É preciso lembrar que Spinoza não queria publicar seu *Breve tratado* porque temia que "os teólogos desta época sejam ofuscados e me ataquem do seu habitual modo odioso, a mim que tenho horror à polêmica."[11]

Os teólogos de hoje mudaram de nome. Seus "modos odiosos" permanecem os mesmos. Depois da conspiração do silêncio, vem a invectiva e, em seguida, a maledicência e a calúnia. Tudo serve para invalidar, estigmatizar, marginalizar um pensamento ou prática heterodoxos. Mas, como indiquei, isso é sinal de uma verdadeira fraqueza disfarçada de força aparente. Quando o clássico que *pensa certo* crispa-se na ideia de que o direito está com ele, é porque a efervescência barroca não tarda muito. Ela contamina empiricamente o corpo social e, claro, o imaginário que o expressa.

Sem dúvida, a maioria dos jornalistas, ávidos por um "furo" e outros efeitos em moda, continua a incensar os livros que conseguem compreender. É a "lição de casa" que esses jornalistas têm de fazer, com uma pitada de erudição.

Sem dúvida, os intelectuais que escrevem esse tipo de livro estão mais no mercado dos livros edificantes do que naquele para o qual estavam destinados: os livros que pensam a complexidade do mundo. E com a saliva visível nos lábios, "proferem" o bem assim como o juiz "profere" o direito. Mas fazendo isso estão vendendo seu principal bem, a *potência* do espírito, por um prato de lentilha, na forma de um *poder* temporal qualquer. Tenham ou não consciência do que fazem, tornam-se aquilo que são: discípulos de Stalin pondo em prática a função de "engenheiro das almas". E o fazem de modo variado. Para uns, trata-se de serem

---

[11] B. Spinoza, *Oeuvres*, Paris: Garnier Flammarion, tomo IV, p. 143.

"conselheiros do príncipe"; para outros, de serem protagonistas de uma *engenharia* social dominante. O que fazem, todos, é vender ilusões.

Sem dúvida, os políticos abandonaram suas roupas de condutores do povo, como se supunha que fossem, pela roupa de segunda mão dos seguidores apressados de todos os simplismos e das "novidades" que já eram velhas antes de nascer. E, unha e carne com seus precursores, vão usar fulano como especialista e sicrano como assessor. Mas talvez seja esse o pior defeito dos empregadores: a falta de discernimento. No caso, não perceber que os empregados que contrataram não têm o que oferecer. Tanto isso é verdade que logo será preciso reconhecer que a imprensa é zona sinistrada e que os intelectuais bufões e midiáticos só servem para ser tripudiados neste ou naquele debate televisivo.

Sim, tudo isso existe mesmo. Mas é motivo para lamentar? Não está claro que o seja. É que a abstração levada a seu extremo, as elites em suas "Nuvens" situadas no primeiro plano da cena midiática, nada disso conta muito diante desse "país real" que é o dos novos meios de comunicação interativos.

Quando ele ainda não havia sido recuperado por aqueles mesmos em que cuspia, Guy-Ernest Débord analisou com precisão a "sociedade do espetáculo". Alguns anos depois ele mostrava, em complemento, como essa sociedade alcançava o ponto de um "espetacular integrado".[12] Observações judiciosas que

[12] G.E. Debord, *La sociètè du spetacle*, 1992, e *Commentaires sur la sociètè du spetacle*, Paris: Ed. Gérard Lebovici, 1988.

expressavam bem o jogo das aparências em vigor. Esta é a "era da página de variedades" em que o *fazer saber* predomina, e muito, sobre o *saber fazer*. Mas essa é uma atitude suicida porque as pessoas logo se cansam da roupa *prêt-à-porter*, do pensamento pré-embalado, da ação pré-empacotada.[13] Ou melhor, como acontece com todo objeto de consumo, a obsolescência dessas ideias e iniciativas já está programada e embutida em sua própria elaboração e elas logo dão lugar a outros "objetos" (intelectuais, jornalistas, políticos) que, por sua vez, rapidamente vão dar naquilo que Hegel chamava de "ossuário das realidades".

É da natureza desses "objetos" de consumo corrente serem intercambiáveis. Além disso, servem para muita coisa. Donde o desgaste rápido que sofrem. E, por fim, a confusão dos papéis não deixa de acarretar a confusão dos sentimentos e, numa palavra, a confusão, ponto. A cátedra da igreja e a cátedra universitária servem de palco político ou de cena teatral. A esfera pública tende a se parecer com um supermercado, onde se encontra de tudo um pouco e barato. O homem político vai fazer teatro, o professor se torna pregador, o jornalista vira filósofo e tudo muito rápido. Denominador comum: ser alguém que *dá lições*.[14]

É exatamente isso que não se aceita mais: que alguns, em nome do saber que detêm, decidam o que é melhor para todos, o que é justo. Sobretudo quando o prato que servem foi requentado. Quando é uniforme e

---

[13] Em francês, *prêt-à-porter, prêt-a-penser, prêt-à-agir*. (N.T.)
[14] Cf. a análise premonitória de Carl Schmitt, *Ex Captivitate Salus*, Paris: Vrin, 2003, p. 310.

uniformemente chato. O que não surpreende não é esperado. Donde a rejeição, sem recurso, de todas essas instâncias que se erguem acima das cabeças. Ou melhor, elas serão todas usadas de modo a que sejam todas *relativizadas*. Nesse sentido, o Universalismo morreu de velho.

De fato, já se acabou o tempo em que um grupo determinado que se instituía como depositário dos direitos universais da humanidade podia, na assembleia nacional francesa, declarar o que eram e o que deveriam ser os "Direitos humanos" em geral.[15] Esse instante fundador transformou-se numa caricatura. Hoje, os "direito-humanistas" tornaram-se uns tediosos pregadores cuja motivação principal é "aparecer na TV".

O qualificativo "*people*"[16] que lhes é atribuído lhes cai muito bem. Mas, como "povo" no sentido de "*vulgus pecus*", o vulgar que se compraz na vulgaridade. Ou, em todo caso, nas ideias batidas. Fáceis de elaborar. Fáceis de engolir. Fáceis de defecar. E são essas "ideias" que se ouvem nos programas culturais e que se leem nos boletins paroquiais em que se transformaram os jornais nacionais e que servirão de inspiração para tantos políticos apressados.

De Hegel a Husserl, quantos dignos professores universitários alemães ocuparam o cargo de *Geheimnistrat*, conselheiros secretos que garantiam, com discrição e até, por vezes, eficiência, uma autêntica *potestas spiritualis*. Essa potência espiritual não era diretamente

---

[15] Cf. J.F. Lyotard, *Le différend*, Paris: Ed. Minuit, 1983, pp. 209 e seg.
[16] Referência à imprensa mundana influenciada pela terminologia inglesa (N.T.)

útil. Mas abria horizontes, permitia que se colocassem as coisas em perspectiva. É bem isso que é emporcalhado por esse "*people*" que, criticando-o ou aconselhando-o, conforta o poder. É nessa confusão que vai dar esse prurido moral que constitui o fato de pensar pelos outros e agir em nome e no lugar dos outros.

Convém, todavia, manter a calma. Sempre houve, em todos os tempos, pensadores tipo B que ocuparam o primeiro plano dos palcos. Mas como mostra Patrick Tacussel a respeito de uns exemplos célebres, é bom lembrar que "os campeões da seriedade que se colocaram como obstáculo a Comte e Fourrier mergulharam num esquecimento reparador e definitivo".[17] O tempo opera uma decantação necessária que permite reconhecer o que deve ficar e o que era caduco desde o início.

Alguns acham que são capazes de fazer essa distinção agora mesmo. E não só aqueles cuja profissão é pensar ou agir de modo consequente. O fato se dá mesmo entre os "homens sem qualidade" que nem pensam em "se impor". O senso comum tende a reivindicar seus direitos. O que não deixa de ser subversivo.

E por mais paradoxal que possa parecer, a verdadeira subversão teórica consiste em estar sintonizado com o senso comum. Quanto a mim, dei a isso o nome de *O conhecimento comum* (1985).

Conhecimento que, sintonizado com o que é vivido, sabe discernir a profunda mutação societal em curso. A importância de um hedonismo latente, o papel de um

---

[17] P. Tacussel, in *A. Comte, Calendrier positiviste*, Paris: Ed. Fata Morgana, 1993, posfácio, p. 48.

corpo gozoso no lugar do *corpo produtivo*, a função das aparências na constituição do elo social, o retorno do emocional tribal, sem esquecer uma religiosidade pagã difusa e uma sensibilidade ecológica que a exprime.

É isso que um pensamento audacioso e autenticamente ancorado na vida cotidiana deve ser capaz de identificar. É isso que o Pensamento Oficial vem tentando ocultar. Até que, não mais podendo negar a evidência, se veja obrigado a reconhecê-la. De modo enviesado, claro. Mas não importa. Basta que os valores do cotidiano, característicos da pós-modernidade, sejam considerados.

Essa audácia no pensamento, que aos poucos contamina as análises mais incrustradas em suas certezas, não deixa de lembrar aquilo que se pode chamar de "Luzes radicais". Esses nobres fora de lugar, esses filósofos vagabundos, esses conselheiros políticos que os príncipes mais esclarecidos consultavam e sustentavam mais ou menos sub-repticiamente.

Essa escumalha da terra, reunindo panteísmo, libertinagem, erotismo militante e teorias não conformistas, vê-se regularmente perseguida pelos censores da universidade, por vezes expulsa de um país por alguma camarilha de beatos políticos e coagida, no domínio do pensamento e da vida, a não mais escrever ou viver as "obscenidades" de que é porta-voz. Mas nada pode impedir o processo de contaminação que ganha toda a Europa.[18]

---

[18] Cf. os exemplos dados por J.I. Israel, *Les Lumières radicales. La philosophie, Spinoza et la naissance de la modernité* (1650-1750), Paris: Ed. Amsterdam, 2005, pp. 119-20.

A atual conspiração dos imbecis, essa dos novos beatos da Ciência, da República ou da Objetividade, pode tentar marginalizar ou estigmatizar tudo aquilo que sai da linha ou que perturba, mas nada pode impedir o curso inelutável da evolução dos costumes e, claro, das ideias que lhe servem de expressão.

Não está distante o tempo em que se chamava a obra-prima de Michel Foucault, *As palavras e as coisas*, de ideologia do irracional, comparável à análise contida em *Minha luta*.[19] E é sabido agora como a obra desse pensador fecundou de modo seminal as análises sociais em inúmeros campos.

Excessos assim não são nada excepcionais. Quantas vezes ouvi o recurso à qualificação de "irracionalista", e outras gracinhas do mesmo gênero, para qualificar tal análise teórica ou tal ação social que não se inscreve no ronronar familiar do moralismo ambiente. E os jornalistas não ficam para trás, eles que, com o sentimento de inferioridade que os caracteriza e a incultura que os marca em geral, trazem suas próprias "contribuições" e uivam mais alto contra aquilo que não está conforme e contra os que não têm o cheiro da turba malta.

Tudo isso aponta de fato para um profundo mal-estar. Quanto menos humanidade houver, mais o humanitarismo bem-pensante entoará a cantiga de um humanismo estreito e esclerosado que, como a escolástica inquisitorial dos séculos XVII e XVIII, é incapaz de reconhecer a poderosa vitalidade dos modos de vida alternativos e da heterodoxia teórica.

[19] Cf. J. Miller, *La passion Foucault*, Paris: Plon, 1995, p. 189.

Chateaubriand dizia que não sei mais qual ministro, Villèle por certo, sabia sem dúvida entrar "habilmente em portos conhecidos", mas era de todo "incapaz de descobrir o Novo Mundo".

Aí está uma observação que poderia facilmente ser aplicada a inúmeros observadores sociais tanto quanto aos "que decidem" de todos os calados. Já disse que, por piedade, não mencionarei nomes, deixando a cada um a tarefa de escrever aqui o nome de um certo sociólogo plagiador, mas com muito trânsito na mídia, ali o de um outro filósofo de rosto seco e lacrimejante, assíduo frequentador das ondas nacionais, e mais além aquele outro jornalista que fica latindo pensamentos convencionais ou o nome deste ou daquele político de volta ao palco. Todos, supostamente, "multiplicadores de opinião", mas que não passam de lamentáveis eunucos incapazes de apreender a virilidade pós-moderna. A impotência que os caracteriza é tal que projetam o medo que sentem sobre alvos errados, que são ora um certo delinquente, ora um intelectual crítico ou um político não conformista.

Contra uma *libido dominandi*, porém, tanto mais agressiva quanto defasada, é preciso lembrar que "a prática da ciência não é um combate cujo objetivo é ter razão, mas um trabalho que contribui para aumentar e aprofundar o conhecimento."[20]

E esse é um assunto para todos que, com humildade e determinação, procuram contribuir, sem *a prioris* e ideias preconcebidas, para a elaboração de um

[20] C.G. Jung, *Un mythe moderne*, Paris: Gallimard, 1985.

pensamento e uma ação que sejam condizentes com seu tempo, única garantia de sua função prospectiva. Mas isso só poderá ser feito quando nossos pontos de exclamação, pontuando o discurso bem-pensante, certo de si mesmo e *totalmente* arrogante, se curvem formando pontos de interrogação, que são os do questionamento sempre e mais uma vez renovado.

4. O LUXO NOTURNO DA FANTASIA

Não sei o que sou e não sou o que sei.
Angelus Silesius

Talvez seja esse o desafio que nos lança a socialidade pós-moderna. Desafio que, de modo correto, explode nas revoltas da periferia, nas secessões cotidianas ou no abstencionismo multiforme. Tudo isso traduz o fato de que as pessoas não mais se sentem "representadas" por este ou aquele discurso e por esta ou aquela ação política. Um ou outro desses discursos e ações, de modo encantatório, pode afirmar seu *voluntarismo*, seu desejo de analisar ou de agir, mas não mais tem ascendência sobre a realidade social, pela qual escorre como água sobre as penas de um pássaro.

Face à inversão dos valores que, empiricamente, torna-se cada vez mais evidente, é preciso evitar a pose grandiloquente daquele que *sabe* e daquele que *age*. Trata-se agora de escrever e agir *pelo lado de dentro*. Ter a graça daquilo que é imanente.

Ter a intuição do interior, a graça da imanência. Expressões que parecem fáceis de usar. E que o são se permitirem compreender que se trata de abandonar toda transcendência.

É que, saiba ou não disso, o imaginário moderno está totalmente determinado pela transcendência vertical. Aquela do Deus único, do Pai eterno e que sabe, de fonte segura, o que é bom para sua criação. Transcendência do Estado-previdência que se ocupa de tudo e que com isso torna a todos irresponsáveis. E transcendência também do "douto", o tecnocrata, o cientista, o político e outros *experts* para quem a pergunta é menos importante que a solução que ele já tem pronta, sempre, ao alcance da mão. É longa a lista de todo o clero da transcendência.

É contra essa (im)postura intelectual que é preciso aceitar a necessidade de se debruçar sobre este mundo daqui de baixo. Aceitar e amar esta terra é a única maneira de superar a abstração e a rigidez moral de todos os que falam e agem em nome dos outros. E, assim, estar em sintonia com a horizontalidade que, sem dúvida, é a marca do espírito pós-moderno.

É difícil admitir essa inversão de perspectiva quando se está acostumado, inconscientemente, a seguir o exemplo de Deus que "diz" como devem ser as coisas e as pessoas e, desse modo, quando se está acostumado a "dizer" o Direito, a "dizer" a Verdade deste evento, desta situação, daquele modo de ser. Aquém ou além das interpretações *a priori* ou *a posteriori*, pode-se dizer que a língua social fala por si mesma. A retórica social, para quem sabe ouvir, fala por si só.

Não posso deixar de oferecer, aos diversos pregadores da verdade, este texto de Kant que muitas vezes lhes serve de modelo. Está na "Resposta à pergunta: o que é o Iluminismo". O Iluminismo, diz ele, "define-se como a saída do homem do estado da minoridade, no qual se mantém por sua própria culpa. A minoridade é a incapacidade de servir-se de seu próprio entendimento sem ser dirigido por outrem. Ela se deve a nossa própria culpa quando resulta não de uma falta de entendimento mas de uma falta de resolução e de coragem para servir-se do entendimento próprio sem ser orientado por alguém mais. *Sapere aude*! Ter a coragem de servir-se do próprio juízo! Essa é a divisa do Iluminismo".[1]

Deveriam refletir sobre essa mensagem todos esses jornalistas, políticos, intelectuais em geral que só têm na boca as palavras Progresso, Razão, Ciência, mas que apenas repetem, como papagaios, os lugares-comuns que é de bom-tom cacarejar no quintal que lhes é habitual. E que por vezes confundem com o mundo todo.

Estão em "estado de minoridade" quando imitam os tiques de linguagem e as "posturas" teóricas que convém adotar. Acima, de tudo, demonstram falta de coragem quando se contentam com ter uma opinião *a priori* e sem base: "Não li, não vi, ouvi falar". Atitude típica da *doxa* que preside as diversas inquisições e que repousa, essencialmente, nas ideias preestabelecidas. O psitacismo nunca foi um modo de pensar. Mas ocupou todos os campos de concentração e de reeducação. Os antigos maoístas da China e do Camboja sabem o que é isso, eles que colocam suas técnicas de exclusão a serviço de uma suposta "cientificidade" das mais retrógradas mas

[1] E. Kant, *Oeuvres philosophiques*, Paris, 1985, II, p. 209.

que frequentemente apresentaram como a única aceitável.[2]

E na grande imbecilização que se faz passar pelo Espírito do Tempo atual, seus comparsas de antanho, que se tornaram jornalistas e outros notários do saber, seguem-nos em suas excusas ações inquisitoriais. E contribuem assim para o suicídio coletivo de uma *intelligentsia* cada vez mais desprezada de modo muito claro. É o caso desse outro esquerdista, que não era maoísta porém trotskista, reciclado em notário do saber e que, pretensiosamente, pensava dominar o "mundo das ideias" num certo canal de televisão. Assumindo ares inspirados de quem tudo entendeu, piscava os olhos a cada uma de suas imorredouras sentenças. Como não pensar em Nietzsche e em seus "últimos homens" que também piscavam os olhos com ares de entendidos ao mesmo tempo que levavam a suas últimas consequências o niilismo que os habitava.

Deixemos de lado, contudo, esse baile de máscaras daquilo que se pode chamar de niilismo contemporâneo de uma *intelligentsia* mais confortável no espetáculo do que na ação desinteressada ou no pensamento honesto. São niilistas de fato, pois fazendo seus teatrinhos deixam de lado aquilo que deveriam representar e se tornam o terreno baldio dos discursos e das práticas extremistas.

---

[2] Entre os inúmeros exemplos que se podem dar, cf. Baudelot e Establet, *L'école capitaliste en France*, 1973, onde justificam os campos de reeducação na China. Agora, assumem essa "reeducação" no domínio científico, cf. "La sociologie sous une mauvaise étoile", in *Le Monde*, 18 de abril de 2001, e minha resposta "Éloge de la connaissance ordinaire", in *Le Monde*, de 24 de abril de 2001.

São uns histriões. Seus textos e suas ações não passam de um *post-scriptum* do século XIX. Seu passado como "esquerdistas" é, desse ponto de vista, instrutivo: não conseguem se livrar das ideias gastas daquele tempo. Aliás, é preciso destacar que essas ideias contaminaram muitos outros além da esquerda. Também a direita anêmica reivindica o Progresso, a República, a Democracia, a cidadania e outras conversas fiadas do mesmo gênero.

A vida vivida, que tanto assusta esses "últimos homens com seu piscar de olhos", vai muito além disso. É difícil descrevê-la numa única palavra a não ser dizendo que ela nos introduz a uma era *pós-individualista*. É nisso que se deve pensar.

Para além do republicanismo dos bons sentimentos, para além da tagarelice do Pensamento Oficial, é preciso saber identificar a lógica secreta em ação nesta pós-modernidade em gestação. Trata-se de uma autêntica "centralidade subterrânea" que funda uma *socialidade* complexa e irredutível a um *social* racional, um *social* puramente econômico no sentido em que habitualmente se analisa o "contrato social", de natureza individualista, que é o fundo de comércio das elites modernas.

Inúmeros fenômenos contemporâneos escapam a esse tipo de racionalismo social. E é isso que permite compreender a brecha existente entre o que é vivido e o que é pensado. Ou explicar a impossibilidade, que têm muitos políticos, jornalistas e professores universitários de apreender as reais questões que nascem diante de nós.

De modo premonitório, no início dos anos 1960, Gilbert Durand chamou a atenção para a saturação do modelo prometeico, para a importância do imaginário e para tudo aquilo que participa do que ele elegantemente chama de "luxo noturno da fantasia".[3]

Esta "fantasia" está hoje por todos os lados. Capilarizou-se no conjunto do corpo social. Está na base dos desdobramentos festivos e das efervescências de todo tipo. A importância do esporte, da música, do erotismo ambiente, do corpo que se oferece em espetáculo, da moda em seus diversos aspectos, tudo isso é sinal desse "luxo noturno". E de nada adianta assumir um ar de desgosto diante dessas expressões de alegria popular. Ela é a lógica interna que assegura uma coesão societal que não mais se reconhece nas injunções moralistas desses *imperativos categóricos* herdados do grande século burguês.

Todas essas almas resmungonas têm saudade desse burguesismo, elas que, de uma margem a outra do tabuleiro teórico, vituperam contra o "festivo" ou se dedicam a denunciar a "miséria do mundo".[4] É na cabeça deles mesmos que sua miséria se arma. Enrijecidos nesse espírito da seriedade, são incapazes de *apreciar*, pôr um preço, dar valor, às alegrias simples do cotidiano.

E os depreciadores da vida são legião. São eles que dizem como *deve ser* o mundo. Teorizam seus contornos. E com a ajuda da mídia, informam a classe política, que, com isso, torna-se sempre mais abstrata.

[3] G. Durand, *Les structures anthropologiques de l'imaginaire*, 1960.
[4] Podem-se citar aqui Philippe Murray, *Homo festivus*, Paris, 2003, e P. Bourdieu, *La misère du monde*, Paris: Seuil, 1993.

Não nos esqueçamos: as palavras têm poder sobre as coisas. Isso já foi ressaltado de diversos modos. E os maus humores dos velhos decrépitos que detêm o poder, simbólico ou midiático, de dizer essas palavras exercem influência sobre a vida social que continua tributária dessas análises.

É possível, contudo, chamar de livros aquilo que hoje se publica sob esse nome? Políticos em crise de publicidade; jornalistas arrumando a casa para chegar até o fim do mês com suas contas a pagar; intelectuais, virtuoses do plágio, reciclando pensamentos exigentes na forma de *ersatz*: é isso que se acumula nas estantes das livrarias e às vezes também, infelizmente, das bibliotecas públicas.

Tudo isso, porém, dá um pouco a impressão de que se está raspando o fundo do tacho. Não se deve dar a *isso* o nome de livro. Melhor chamá-lo de *brochura*, nome disso com o que se elogia um "produto" político, teórico ou um "furo" qualquer que, é certo, não resistirá às asperezas do tempo.

Brochuras publicitárias, portanto, que celebram valores puídos ao extremo. Modos de ser e pensar cujo sabor já se esgotou. Mas, como é sabido, essas *coisas* ocupam lugar nas estantes e formam pilhas nas gôndolas dos supermercados. É um símbolo! A única força que têm é a da inércia. Há momentos, na história da humanidade, em que os homens de Progresso fazem o papel de freio! E isso porque assumem a postura do espírito que diz não.

Contra esse tipo de propensão seria preciso retomar a pena e o tom desses grandes panfletários que souberam, como Léon Bloy, escrever uma *Exegese dos lugares-comuns*. Aquilo que chamei, várias vezes, de Pensamento Oficial está cheio deles. O bem-pensar em suas diversas modulações, política, moral, científica, repousa sobre essa pretensão paranoica de negar aquilo que existe. Negação ou denegação daquele "que sabe", daquele que tem a pretensão de tudo saber, do especialista em tudo.

Diante dessa pretensão, é preciso desenvolver a sabedoria daquele *que conhece*.[5] Lembrando, claro, a etimologia dessa palavra: *cum nascere*, nascer com. É manifestação de humildade "nascer com" aquilo mesmo que se está estudando ou com aquilo sobre o que se quer agir, política ou socialmente.

Em suma, depois do *não* que dominou o saber e o poder modernos, exercitar o *sim*. Conhecimento e potência afirmativos que saibam se adequar a esses fenômenos e situações da vida corrente que, mesmo imperfeitos, constituem a trama de toda existência social. É só assim que se pode entender o conselho de Max Weber dirigido à *intelligentsia* de seu tempo: "Estar à altura do cotidiano!".[6]

Não dá para fazer isso com o frenesi ou o ativismo que são a marca do espírito de seriedade, espírito da paranoia voluntarista. Mais vale, aqui, lembrar a divisa composta pela tropa italiana que Mazarino trouxe a Paris: *castigat ridendo mores*.[7] É de fato mais humano

---

[5] Em francês, *connaître*, conhecer, que embute a ideia de *naître*, nascer; donde *connaissance*, conhecimento mas também *nascimento junto com*. (N.T.)
[6] M. Weber, *Le savant et le politique*, J. Freund (trad.), Paris: Plon, 1959, p. 95.
[7] É rindo que se corrigem os costumes. (N.T.)

corrigir por meio do riso. Os costumes em questão não são apenas aqueles da sociedade em geral mas também os desse "mundinho" que pretende dizer o que é direito e como se deve agir em conformidade. Comédia de costumes desses apressados que têm a ingenuidade de acreditar que é graças a eles que a humanidade progride.

A *humildade* diante da realidade e o *humor* relativo à pretensão têm a mesma etimologia, o que nos leva a esta terra. Praticando essas duas virtudes é possível escapar aos incômodos da contradependência. Atitude adolescente, essa, que se afirma por oposição. Quer dizer, um espírito livre pensando e agindo com serenidade.

Recordo esta fórmula de Jacob Taubes: "Eu não estava em absoluto contra Hitler, mas Hitler estava contra mim".[8] Por razões pessoais, ou familiares, o contrário teria sido normal. Mas uma observação assim demonstra uma liberdade de espírito que deveria nos inspirar. Tanto isso é verdade que toda inversão de pensamento ou de ação se vê irremediavelmente aprisionada no jogo do pensamento ou da ação que se pretende inverter. Diante disso, a única coisa possível a fazer é pôr-se em reação. Ser reacionário.

Portanto, não é o caso de inverter a atitude negativa da ação política ou da teoria modernas mas, sim, de operar uma volta na direção daquilo que existe de

---

[8] J. Taubes, *En divergent accord: à propos de Carl Schmitt*, Paris: Rivages, 2003, p. 77. Cf. também a objeção que Heidegger fez a Nietzsche em relação à inversão do platonismo, M. Heidegger, *Chemins que ni ne mènent nulle part*, Paris: Gallimard, 1980, p. 262.

originário e de original na vida sem qualidade. Reencontrar a inocência do olhar. Essa acuidade no pensamento e na ação que provém do sentimento de fazer parte, de ser parte "disso" que se busca compreender ou sobre o que se pretende agir. *Stricto sensu*, trata-se de um intuicionismo que permite apreender a lógica secreta de uma época. Na metáfora de G. Simmel, a lógica daquilo que é seu "rei clandestino".

E se é preciso vituperar contra as elites vaidosas e histriônicas que se comprazem numa contínua autopromoção, é apenas porque elas não sabem, não sabem mais, apreender essa "lógica secreta".

A litania dos lugares-comuns que fazem as vezes de análise para os políticos, tal como a água servida que só serve para dar aos porcos; e que os jornalistas vertem pela mídia sobre as massas medusadas por tanta baixeza, tudo isso pode satisfazer o *putanato* rentável das colunas sociais sobre o *people*, mas em nada esclarece a profunda mutação que vive nossa época.

É exatamente isso que se torna indispensável apreender. Aliás, é em função dessa capacidade de compreender esse "rei clandestino" que uma elite merece esse título.

Oculta atrás dos véus da aparência, há uma presença inteira forte que vai caracterizar um dado momento. Trata-se de um valor ou conjunto de valores ao redor dos quais se reúne uma sociedade. Pode ser o totem das tribos primitivas. Ou, ainda, aquilo que Durkheim chamava de "figura emblemática". Pouco importa o termo que se use, o importante é identificar essa força que assegura a coesão social. Mas não pode haver qualquer engano a respeito dela, erro que parece cometer a *intelligentsia* contemporânea — donde a desconsideração em que é tida.

Correndo o risco de cansar os adeptos da facilidade teórica, afastemo-nos um pouco do supermercado das ideias. Se me for permitido um pequeno desvio teológico-político, farei referência à noção de "Katechon" de que Carl Schmitt fala muitas vezes.

Inspirando-se na segunda epístola de São Paulo aos tessalônicos (2,7) sobre uma misteriosa força que segura (*katechon*, aquele que prende, *qui tenet nunc*), a manifestação do Anticristo, aquilo que é hostil à plenitude dos tempos, a Parusia, Schmitt lembra que em todos os séculos existe um portador "concreto dessa força e que a questão é encontrá-lo". Trata-se de uma força que é um obstáculo ao poder do mal, força que se opõe ao "pior dos aceleradores no caminho que conduz ao abismo".[9]

O que está em jogo é importante e ultrapassa em muito as querelas subalternas, os escândalos microcósmicos, os ódios secretos que são o lote cotidiano de uma elite em estado de putrefação adiantada. De resto, ela entra em decadência exatamente quando se revela incapaz de saber o que realmente importa. O que leva exatamente a uma *circulação das elites* (V. Pareto) das mais necessárias.

Essa "força" que tem de ser encontrada é a da vida. Essa é mais uma das banalidades básicas que se tem de repetir, a tempo e a contrapelo. E isso porque ela é

---

[9] C. Schmitt, *Ex captivitate salus*, Paris: Ed. Vrin, 2003, pp. 331 e 343.

simplesmente negada por esses cavaleiros de triste figura que preferem celebrar aquilo que, a seu modo de entender, é o *dever-ser*.

O mesmo acontece com o jornalista, *fashion victim*,[10] que a cada dia tem de encontrar uma nova maneira de ser ou pensar. Ou com o político que, de olhos fixos na *linha azul* das sondagens, consulta de cambulhada esses novos "videntes" que são os assessores de comunicação a fim de achar o "truque" que o fará popular. E que dizer do intelectual midiático que, como uma prostituta sem clientes, oferece encantos que não mais têm o mesmo frescor?

Todos se lembram do mito de Pigmaleão enamorado de sua própria criação. É bem algo assim que está acontecendo. Todo esse mundinho se entope de valores, gurus e teorias que ele construiu a sua própria imagem. Em coro e em grupo, ficam enfiando pérolas de vidro numa linha para com elas fazer um colar. Em coro e em grupo, ficam *enfiando*-se uns nos outros.

É preciso dizê-lo bem claro, porém, não será uma "curra" desse tipo que permitirá apreender o dom misterioso da vida. Seus desejos bestiais. Sua apaixonante e excitante complexidade. Sua ambivalência estrutural. Em suma, tudo que faz da vida aquilo que ela é.

Existe aí uma tautologia fundadora. A da repetição do mesmo que está no centro do quadro mundano. Redundância que caracteriza o hedonismo cotidiano. *Mostração* da primeira coisa que aparece, do senso comum, particularmente estranha à *demonstração* que

---

[10] Vítima da moda. (N.T.)

designa esses meias-solas da teoria por aquilo que são: "peões" servis sempre prontos a dar lições aos outros.

Sim, a vitalidade societal está aí. Ela entra por caminhos a que não estamos habituados. "Caminhos que não levam a lugar nenhum" ou caminhos de través. E o *vitalismo* teórico deve saber corresponder a essa *vitalidade* existencial.

Ainda hoje, a língua do palácio imperial em Tóquio só é acessível aos habitantes dessa fortaleza protegida e separada do resto da cidade. É algo assim que caracteriza as palavras canônicas, essa cacofonia de frases devotas que formam o Pensamento Oficial do mundo midiático-político.

O problema é que essas futilidades não mais expressam, como no Japão, o que sobra de uma concepção sagrada do mundo. De modo mais profano, contentam-se com pôr em marcha rancores pessoais que se apresentam como desentendimentos políticos ou teóricos. Rancores que não se devem reduzir a uma questão psicológica, mesmo que a vilania e a maldade estejam neles presentes, realçando sobretudo o fanatismo doutrinário de tudo isso.

A respeito, é instrutivo observar com que intransigente violência o bem-pensar condena as diversas expressões do fanatismo religioso. Por ora, aquele que grassa no mundo muçulmano. Seria provocação simples ver nessa intransigência a simples projeção, sobre o alvo errado, daquilo mesmo que está em nós? As diversas expressões do fazer de conta virtuoso mal escondem uma verdadeira intolerância.

De fato, o fanatismo religioso ou étnico é apenas a última palavra que encerra uma discussão. Resposta ao fanatismo do republicanismo ou ao fanatismo do universalismo, tudo isso apresentado como uma conquista insuperável da modernidade. O que fazem uns e outros é apenas representar, para a arquibancada, uma cena doméstica, aquela de um casal velho e tetanizado que não consegue mais se entender mas que não pode se separar porque unido por valores comuns, aqueles de um mundo de símbolos petrificados. Mundo do monoteísmo e do monoideísmo intolerantes e excludentes.

Deixemos os fanatismos comunitaristas e republicanistas entregues a sua triste briga doméstica. A questão de que eu falava mais acima é a de saber *dizer sim* teoricamente à vida. Coisa que nada tem de natural nessa azeda vendeta político-intelectual. Retomando uma expressão de Cioran, trata-se de praticar "exercícios de admiração".

Intuição que leva H. Corbin a dizer que "não se consegue escrever um livro sobre Platão a menos que se assuma ser platônico pelo menos enquanto se escreve esse livro".[11]

Uma empatia assim não é apenas de natureza livresca. Diz respeito a toda a vida. Toda a vida. Pois se aquilo que não deve ser não pode ser, aquilo que é, é.

Trágica sabedoria que o Pensamento Oficial não consegue conceber mas que o homem sem qualidades

---

[11] H. Corbin. *L'imâm caché*, Paris: L'Herne, 2003, p. 248. Cf. também E. Cioran, *Exercices d'admiration*, Paris: Galimard, 1986.

vive de modo natural. Que a vida não tenha um objetivo preciso é algo que se percebe, intuitivamente, no *imoralismo ético* pós-moderno. Mas o fato de que a falta de sentido existe não significa que tudo seja insignificante. As coisas e as situações cotidianas talvez não tenham sentido. Mesmo assim, não deixam de ter, no *instante* vivido, uma significação real. Isso é o que constitui o instante eterno. A eternidade repatriada para o aqui e agora.[12]

É isso que esses cavalos velhos e castrados do bem-pensar não conseguem compreender: o estilhaçamento do tempo. Contra a concepção beata de um progressismo infinito, aquele da linearidade histórica, o "retorno do mesmo", a colcha de retalhos dos instantes, das oportunidades. Em suma, o mosaico do destino que é vivido, com os outros, no ideal comunitário, aquele das tribos pós-modernas.

É essa a filosofia do "Kairos":[13] não mais a História certa de si mesma mas uma multiplicidade de pequenas histórias feitas de uma série de futilidades às quais convém prestar atenção. Pois trata-se de futilidades que, de cabo a rabo, constituem a trama de toda vida individual e coletiva.

Saber dizer sim à vida é bem a revolução copernicana que se tem de fazer nos espíritos. Revolução que é a única a permitir entrar em sintonia com aquilo que anima, em profundidade, a vida de todos os dias. Revolução que, assim, permitirá aos que têm o poder de dizer e fazer, entrar em sintonia com o próprio tempo.

---

[12] Remeto aqui a meu livro *Le réenchantement du monde*, Paris: Ed. de La Table Ronde, 2007.
[13] O momento certo. (N.T.)

É bom lembrar que a Calipso de Ulisses é aquela que se esconde. E que *apocalipse* significa desvendar, descobrir o que está *ali*. Significa que, para além das *palavras* esclerosadas, altaneiras, arrogantes que são a base dos sistemas do bem-pensar teórico e do Pensamento Oficial, da ação política, é preciso encontrar as *falas* que participam do desdobramento daquilo que existe, do desvelamento do belo, da epifanização da alegria do mundo. Aqui se está bem longe dos "padrecos" que assentam seu sucesso nesse fundo de comércio que é a *miséria do mundo*. Longe também desses jornalistas que lhes servem aquilo de que precisam. Sem falar, claro, dos políticos que vão se alimentar dessas pseudoanálises que são verdadeiros livros edificantes, um suplemento para a alma que conforta a preguiça intelectual que os acomete. Vamos deixá-los brincando de cabra-cega. Um pensamento ou uma ação elevados não têm o que fazer dessas puerilidades.

5. "NADA VALE MAIS QUE A VIDA"

> *Prometo ser sublime, isto é, mostrar-me igual ao primeiro que aparecer. Não é qualquer um que pode ser o primeiro a aparecer.*
> L. Bloy, *Journal I* (1852-1907), col. Bouquins, 1999, p. 67.

Quando o progressismo moderno pensava já ter asseptizado tudo, eis que o vírus volta com força. E entre as epidemias que nos ameaçam está aquela que diz respeito à indignação moral.

É uma sinecura disputada por esses comediantes públicos que ainda se designam pelo nome de "intelectuais". E também não ficam atrás os quase doutos, esses *experts* em sondagens de todo tipo que são os jornalistas. Quanto aos políticos, com a linguagem de caixeiros-viajantes que têm, fazem dela um uso imoderado. A "moralina", como diria Nietzsche, é uma secreção que vai muito bem.

Teremos a coragem de dizer que é esse moralismo que está na origem da imbecilização contemporânea? Que ele nada mais é que o "mau humor" dos velhos caquéticos guardiães do Pensamento Oficial? Hoje, quando se tem medo das palavras que podem ferir, quando não há mais cegos mas apenas "pessoas que não enxergam", quando os gordos são apenas pessoas afligidas por um "excesso de peso", em suma, neste momento em que parece que temos medo da própria sombra, saberemos como "chamar as coisas por seu próprio nome", como aconselhava Boileau?

A mesma coisa já foi dita de diversos modos. Mas, como toda banalidade, merece ser repetida. A genealogia do conformismo moral é, vale dizer, de uma simplicidade bíblica.

Trata-se aqui, lembrarei, de uma exceção cultural que não se encontra em nenhuma outra civilização ou religião. Seu fundamento é a procura da salvação individual: a verdadeira vida vem depois. Aos poucos, alguns vão se arrogar o monopólio dessa economia da salvação: primeiro os sacerdotes *stricto sensu*, depois os que se erigem em herdeiros da gestão do futuro, os que se sentem investidos da responsabilidade de falar e agir em nome dos outros. Por fim, derradeiro ou primeiro elemento dessa cultura: o ódio contra este mundo aqui em que vivemos. Só importa o paraíso celeste, a "Cidade de Deus" de Santo Agostinho, ou o paraíso terrestre, a sociedade perfeita das diversas teorias da emancipação do século XIX.

Numa palavra, *Mundus est immundus*. O mundo é imundo. Essa é a infraestrutura mental do pensamento e da ação ocidentais. Esse é o inconsciente coletivo que move a *intelligentsia* moderna.

É isso que está na origem do moralismo característico do bem-pensar. Do mesmo modo, é isso que serviu de justificativa para a *devastação* ecológica de um mundo que é, estruturalmente, transitório. Ou de um mundo que é possível, politicamente, melhorar.

É possível aceitar que o *mundo é imundo*. Nesse mundo, a tragédia está por toda parte. A atualidade nos fornece inúmeros exemplos disso. Mas "faz parte".

É esse "faz parte" que está na base do senso comum. E é isso que serve de princípio de realidade para essa *socialidade* marginal totalmente alternativa ao *social*. Mas o conformismo político-jornalístico que faz as vezes de *pensamento* só se interessa pelo social ou pelo político, o que dá na mesma.

O poeta e o pensador podem nos ajudar a superar a recusa daquela que é a lei essencial da República dos Bons Sentimentos. Eles nos dão as "palavras-guias" graças às quais é possível tocar no essencial. Para além do pensamento crítico, eles nos iniciam no pensamento *radical*, o que nos permite entrever a raiz das coisas.

Como Heidegger, ao mostrar como o "conhecer puro" ou como uma sobrevalorização do "fazer" leva a que "mundo algum se amunde" *(keine Welt mehr weltet)*. Em resumo, é possível lançar mão de tudo. Explorar este mundo à vontade, até esgotá-lo em sua totalidade. Devastação do mundo.

Ao propor essa interpretação, o tradutor inspira-se no poeta, Gérard de Nerval, que fala de um mundo que se "amunda". Mas o faz no sentido de um mundo que abunda, de um mundo onde se pode "gozar a vida". De um mundo cujo potencial é imenso. Onde sempre existe alguma coisa de radioso que pode acontecer.[1]

---

[1] Inspiro-me aqui, livremente, na tradução e no comentário propostos por Pascal David, cf. M. Heidegger, *Grammaire et ethnologie du mot "être"*, Paris: Le Seuil, 2005, p. 45 e pp. 76-7. E da citação de G. de Nerval, *Oeuvres complètes*, Paris: Gallimard, Pléiade, tomo II, 1984, p. 848.

Está aqui, talvez, a raiz desse "faz parte", do "mesmo assim dizer sim à vida". Quando o "mundo amunda" não se pode mais considerá-lo imundo.

Lembremos aos moralistas de todos os matizes que sempre houve uma luta constante contra a liberdade de espírito e o "libertinismo". "Gozar a vida" causa horror, com razão, aos que têm medo à vida. E é esse medo que se encontra outra vez nos censores contemporâneos. Sem dúvida, esse medo anda sempre disfarçado. Ornamenta--se com todos os bons sentimentos possíveis. Mas para os que não se deixam enganar, é um medo que cheira a ressentimento.

Dado que, hoje, inúmeros *republicanistas* escolásticos o reivindicam, não é inútil lembrar que, quando surgiu, o movimento das "Luzes radicais" era objeto de críticas que diziam que com ele "muita sujeira" se misturava à ideia de filosofia. Referiam-se ao fato de que também o erotismo fosse assunto da filosofia.

Donde o estabelecimento da coação, os autos de fé com os livros proscritos, a racionalização da censura institucional contra as ideias radicais, a repressão dos pensamentos ditos inaceitáveis. Tudo isso sob o apadrinhamento dos órgãos de controle eclesiásticos e do aparelho administrativo do Estado.[2] Nada disso conseguiu impedir o nascimento da Modernidade.

Nesta pós-modernidade nascente não é difícil encontrar práticas análogas. Claro, não se queimam mais os livros e os autores heréticos. Oficialmente, não

---

[2] Remeto ao capítulo "Censure et culture" do livro de J.I. Israël, *Les Lumières radicales. La philosophie, Spinoza et la naissance de la modernité* (1650-1750), Paris: Ed. Amsterdam, 2005, pp. 130-33.

existe mais uma "Lei da blasfêmia" que proíba duvidar, publicamente, deste ou daquele ponto da doutrina. Mesmo assim os órgãos de controle continuam a proliferar com o mesmo rigor. Censura aveludada mas não menos real contra tudo aquilo que questione a "Igreja" estabelecida.

Duas armas essenciais são usadas pelos novos inquisidores: a conspiração do silêncio e, em seguida, o boato. Determinada análise, determinado autor cheiram a enxofre a partir do momento em que se limitam a descrever, sem emitir um juízo de valor, aquilo que se dá a ver, aquilo que se dá a viver. Se não avaliam o que descrevem segundo os valores republicanos, se não entoam as litanias do bem-pensar moralista, se não se erguem contra a barbárie nascente, são suspeitos.

Primeiro, o silêncio. Pelas revistas "científicas" — quase sempre órgãos desta ou daquela igrejinha teórica — e pelos boletins paroquiais da imprensa nacional, todos, circula o conselho: não falar *deles*.

Depois, quando as coisas ficam evidentes demais e quando os autores em questão se tornam dificilmente contornáveis, os mesmos escritórios, sempre em nome dos Valores Universais, destilam boatos e maledicências. Na maior parte do tempo, como dizia A. Breton, *a priori* e sem fundamento, suspeita-se das amizades políticas dos autores em questão, identificam-se frequentações suspeitas de autores malditos, promulgam-se debilidades metodológicas e teóricas. A voz impessoal do "-se" predomina, nesse estágio. E de modo tão mais soberano quanto é, corajosamente, anônima.

Enfim, quando decididamente não se pode mais deixar de analisar os autores sulfurosos, passa-se a copiá-los sub-repticiamente e depois a roubá-los sem muita elegância.

Basta verificar o destino de alguns dos evidentes valores pós-modernos — o retorno da tribo, a importância do nomadismo, a realidade do cotidiano, a indiferença diante da política, o papel do corpo, a pluralização da pessoa, a saturação do individualismo, a ênfase no presente, o predomínio do hedonismo — para se sentir edificado pela eficácia desses pequenos batedores de carteira que são certos intelectuais série B, jornalistas desleixados ou alguns políticos com mais de um esqueleto no armário.

Como o demonstra o exemplo da modernidade nascente, baixezas desse tipo são moeda corrente nas histórias humanas. Nossa época não escapa disso e é muito delicado denunciar esse sistema de mistificação institucional. No baixo-império bizantino havia os "silenciários" encarregados de impor o silêncio diante do imperador. São legião os "silenciários" contemporâneos encarregados de silenciar os inconvenientes que insistem em impedir que se pense em círculos.

Exatamente porque acusados de libertinismo. Porque eles lembram, contra o miserabilismo hipócrita que contamina a maioria das análise sociais, o aspecto irreprimível do *querer viver* cotidiano. Eles tornam evidente, como lembrava Léon Bloy, que "tudo que acontece é adorável". De acordo com o senso comum, destacam que talvez a vida não valha nada, mas que nada vale mais que a vida.

Repito: é esse vitalismo que foi sempre suspeito para os diversos inquisidores do Pensamento Oficial. É essa vitalidade que convém conter pois, em seu aspecto instituinte, ela ameaça as certezas que, naturalmente, as instituições (universitárias, jornalísticas, políticas) têm tendência a secretar.

Embora, necessariamente, não tenham consciência disso, é bem contra o *libertinismo*, o erotismo social, as ideias radicais, que os diversos moralistas que constituem a *intelligentsia* levantam essas barreiras feitas de lugares-comuns que eles ingurgitam e regurgitam em suas habituais manjedouras comunais. Eles, cuja vida na maior parte do tempo não tem nenhum interesse e que ficam ruminando "pensamentos" batidos que lhes servem para matar o tempo. É com essas besteiras que eles pretendem, exatamente, exorcizar o que existe de exaltante e de cruel na vida, uma vida que, como sempre e de novo, se desenvolve rompendo os grilhões estabelecidos por essa carga mortífera.

O medo da vida e de suas paixões é sem duvida o que melhor caracteriza a triste *intelligentsia* moderna. *Intelligentsia* que desemboca numa literatura edificante feita por imbecis formados na escola da virtude. E que, paradoxalmente, surge como literatura em tudo frívola por não saber apreender os pequenos prazeres da vida de todos os dias.

Para recorrer a um estilo mais sólido (mas será que eles sabem o que isso quer dizer?), aquilo que nos vertem sobre as cabeças numa sequência de artigos e livros doutos ou jornalísticos (vá saber qual é a diferença!) é a parênese. Discursos morais, exortações à virtude. Nada nos poupam em termos de edificação. Mesmo na obscenidade dos *talk shows* mais aloprados em que, entre um artista decadente e uma prostituta meio "alta", a mulher de um presidente da república vem derramar umas quantas lágrimas contando sua ação em prol da adolescência desvalida.

Confusão de sentimentos. Confusão de valores. Trata-se de uma "orgia" moral na qual modelos de virtude vêm verter o fel dos ressentimentos que alimentam disfarçados de bons sentimentos. Isso é a *República dos Bons Sentimentos*. Totalmente abstrata, inteiramente descarnada e baseada no faz de conta. Esses de fato não têm moral: "servem-se" da moral. Usam-na e abusam dela. E se surpreendem quando a juventude, que não se deixa iludir, se revolta em explosões violentas e incendiárias ou em secessões silenciosas como a da abstenção eleitoral e a indiferença diante do político e do social.

Nessas práticas, o que fica desmascarado é a hipocrisia moral. São os sofismas do bem-pensar que com razão se desmentem, é a covardia existencial que se denuncia. Em suma, é a vida verdadeira que é exaltada.

Que compreendem da vida, contudo, esses cujos textos só servem para limpar o rabo, que ficam perorando em seus intermináveis artigos jornalísticos ou que encontramos o tempo todo nos mais estranhos sótãos?

Separados como estão da realidade, nada entendendo das paixões e emoções sociais, são sem dúvida incapazes de compreender que o próprio da vitalidade, aquilo que lhe dá força e vigor, é o fato de que ela é, essencialmente, uma *ligação:* ela junta, é fonte de confiança.[3]

Isso merece uma explicação. É o poeta que nos coloca no bom caminho: "Quem pensou o mais profundo ama o que é mais vivo" (Hölderlin). Tanto isso é verdade, embora tenhamos a tendência de esquecer, que o passado dormita no presente mais intenso.

É isso que há muito venho tentando pôr em evidência. O retorno do arcaísmo. E em seu sentido mais estrito: aquilo que é primeiro, fundamental. A tribo, outro modo de aludir ao ideal comunitário, à pessoa plural que só existe em relação, ao nômade que nos remete a uma residência determinada, àquilo que devemos ao instinto animal. A vida, em suas horas felizes e infelizes, é feita disso. Coisa que a frivolidade do espetáculo integrado tende a esquecer, esse lamentável espetáculo oferecido pelas elites contemporâneas.

As elites tradicionais tinham a função de juntar o que estava espalhado. Não, como foi o caso da

---

[3] Remeto aqui a Marcel Bolle de Bal, *De la Reliance*, tomo I e II, Paris: L'Harmattan, 1996. Em particular, ao artigo de Edgar Morin, "Vers une théorie de la reliance généralisée", p. 315. Jogo aqui com a ideia do latim para *"religare"*, ligar de novo, e com o sentido do inglês para *reliant*, confiável.

Modernidade, em um Universalismo abstrato, nos Direitos Humanos ou num outro moralismo geral, porém de um modo concreto: reunindo os mortos, os vivos, a terra e o céu em um eterno presente.

Citarei apenas um exemplo retirado da religiosidade maia que, segundo os especialistas dessa civilização, repousava na ideia de "amarrando juntos", estar amarrados juntos.[4] Bonita imagem que mostra que, longe da sobrevivência individual, própria da tradição judaico-cristã, o bem-estar e a sobrevivência são fatos coletivos. Sobrevivência que se deve compreender em seu sentido forte: esse *a mais* de vida da qual participam os deuses, os mortos e os vivos. O passado e o presente, numa mistura fecunda, garantia do futuro.

Essa referência a uma sociedade tradicional pode ser útil num momento em que o retorno das tribos pós-modernas assusta apenas aos *republicanistas* mais defasados.

A vitalidade de que se falou é feita desse formigamento, dessa agitação que une o arcaico e o contemporâneo, da aceitação das imperfeições e da espiritualidade mais elevada, da razão mais sofisticada e da celebração do corpo, dos pelos, da pele ou dos humores. Em suma, do humano em sua *inteireza*. Humanismo bem mais profundo que o humanismo pretensioso e arrogante dos "direito-homistas" contemporâneos.

---

[4] Cf. M. H. Ruz, in *Religion Maya*, direção de M. de la Garza, Paris: Ed. Trotta, Madrid, 2002, pp. 247-82. "Amarrando juntos. La religiosidad Maya en la época colonial".

Em sua *Carta sobre o humanismo*, Heidegger lembra a exigência de uma *"humanitas"* mais elevada.[5] E embora não se tenha necessariamente consciência disso, é essa exigência que é vivida nos "ex-stases" pós-modernos. Nesses enlevamentos que são as reuniões musicais e outros agrupamentos coletivos. Êxtases que vão buscar o sentido do visível numa "aura" invisível. Em algo mais profundo: instintos, tradições, culturas fundamentais, ideal comunitário que, indo além do indivíduo, asseguram a coesão societal.

Menciono tudo isso brevemente a fim de lembrar que é exatamente o esquecimento desse *enraizamento dinâmico*, o esquecimento da força que vem das raízes, que faz da maioria dos intelectuais pessoas que desprezam a vida. Em sua morosidade, são incapazes de compreender a alegria do mundo que se expressa, de múltiplos modos, no reencantamento contemporâneo.

Apelar a esse princípio de realidade que é a vida não é abdicar do espírito mas temperar, tanto quanto possível, a arrogância intelectual. Lembrar-se de que as criptas da memória coletiva também são parte da vida social; que, ao lado da atitude *nocente*[6] que prevaleceu no Ocidente, e que foi o elemento essencial de sua performatividade, existe igualmente a necessidade da *inocência*.

---

[5] M. Heidegger, *Lettre sur l'humanisme*, Paris: Aubier, 1974. Cf. também P. David, "Heidegger et la récusation de la question "quid est homo", in. B. Pinchard, *Heidegger et la question de l'humanisme*, Paris: PUF, 2005, p. 303.
[6] Do latim *nocere*, causar dano. Há um jogo de palavras com o "cognitivo" (*cognoscere*) do parágrafo seguinte. (N.T.)

Lembrar isso não é inútil num momento em que, exatamente, a inocência, no sentido que acabamos de lhe dar, que é a relativização do cognitivo, é um elemento determinante das tribos pós-modernas.

Talvez seja preciso admitir que um ciclo se encerra, o ciclo de uma História que repousa num Progresso indefinido. É esse Progresso que é causa e efeito de uma classe de sacerdotes virtuosos, moralistas, ditadores de lições. Sacerdotes sem "amarras", que se devem compreender aqui em seu sentido mais simples: o fato de não mais levarem em conta as raízes, as bases do estar-junto.

A tudo isso opõe-se, em virtude de uma inversão de polaridade dos valores sociais, que se pode observar empiricamente, a exigência de uma verdadeira arqueologia capaz de apreender as energias primordiais que atravessam nossas sociedades. É longa a lista de todos esses arcaísmos que se acreditavam superados. Já os analisei em livros anteriores. Basta dizer que, estruturalmente, a *intelligentsia* moderna é incapaz de localizá-los e, portanto, de analisá-los.

É essa incapacidade que faz que não se entenda mais muito bem o que ela quer dizer. E que ela diz numa logorreia à qual ninguém mais presta atenção. Mas será que isso é mesmo importante?

De fato, com base num conhecimento certo e quase instintivo, pode-se dizer que, quanto mais se puser de lado as diversas análises dogmáticas, mais se poderá identificar um verdadeira aptidão para as explorações subterrâneas, para tudo aquilo que tem que ver com o *existencial*, isto é, aquilo que é vivido cotidianamente, tudo aquilo que remete a sua complexidade.

As análises contemporâneas de Edgar Morin sobre a complexidade ou a de Serge Moscovici sobre a natureza ecoam o antigo adágio *vera scientia est visio complexus et sapienta vita communa*. Essa ligação entre a verdadeira ciência, aquilo que é complexo e a sabedoria da vida comum é muito instrutiva e deveria inspirar aqueles que supostamente têm de dizer o que é a sociedade e agir em conformidade.

É perceptível que existe uma estreita correlação entre o desenraizamento e o ódio ao mundo, que é a repressão dos instintos, das paixões, das pulsões que constituem a base do contrato social. Quer se queira ou não, são todas essas afecções que voltam com força em diversos fenômenos contemporâneos. Donde a necessidade de se instaurar um pensamento da vida que saiba responder a esse desafio.

O que predomina, porém, e é esse o drama desta época, é um saber puramente intelectual. Um racionalismo mórbido que se poderia qualificar de ignorância documentada. De fato, essas análises sociais se apresentam sob a capa de uma erudição barata; às vezes, mesmo, para darem a impressão de que estão sintonizadas com o atual, apropriam-se de observações que têm uma ligação direta com a realidade; mas tudo isso não passa de trapaças cujo primeiro reflexo é envilecer aquilo que existe em nome do que deveria existir. Essa observação simples é o fundamento mesmo do pensamento crítico.

Ninguém se atreve a dizê-lo muito, mas é preciso ter a coragem de reconhecer que o ciclo do Progresso está se acabando. As consequências são inúmeras. Uma delas é o que Walter Benjamin chamava, com argúcia, de "o interesse do presente". Expressão que convém compreender em seu sentido forte: interesse, *inter-esse*, estar no meio de e entre as coisas. O que nada tem que ver com a procura desse "interessante" no qual o jornalismo, na condição de ideologia da época, se especializou.

A busca, obcecada, do que é "interessante" pode aliás ser considerada como a forma mais sutilmente perversa do ódio ao mundo. Buscar o excepcional é desprezar o comum. Assestar o foco no *evento*, em sua ação que consiste em interromper o curso das coisas, é pôr de lado o *advento*: aquilo que advém na lógica da vida.

O ódio diante daquilo que existe é, contudo e acima de tudo, sinal de impotência. Todos os discursos moralizadores, todos os livros de edificação que caracterizam o Republicanismo dos Bons Sentimentos traduzem sempre o fato de que se está ulcerado por aquilo que acontece, isto é, pela vida. Coisa que, aliás, não deixa de ter relação com as úlceras do estômago, doença crônica dos moralistas de toda espécie.

"O interesse do presente", o fato de encontrar lugar no meio das coisas, é sinal de serenidade. É uma ecologia do espírito que reconhece o curso, talvez lamentável, mas inevitável, dos acontecimentos. O que implica não mais a atitude afinal de contas paranoica de um homem que é "amo e senhor da natureza" e do social mas sim, retomando uma temática heideggeriana, de um homem que é "pastor do ser".

Expressão algo poética mas que traduz bem essa sensibilidade ecológica que caracteriza o Espírito do Tempo. Uma atenção com a "casa" (*oikos*) comum. Donde não mais teorias que consistem em pôr as coisas a distância, teorias altaneiras, mas, sim, um verdadeiro *olhar sociológico*.

Olhar significa também *tomar conta de, cuidar de, zelar por*[7]. Isso é o que significa ver. Não ver através das lunetas ideológicas, de lentes deformantes, mas levar em conta aquilo que se dá a ver. Portanto, daquilo que se dá a viver. Não estamos mais na ordem da representação mas sim da *presentação*. A isso chamei de a *contemplação do mundo*.

Hannah Arendt mostrou com justeza que submeter a realidade à ideologia era o que melhor caracterizava os diversos totalitarismos. Os totalitarismos todos. E o século não foi avaro de totalitarismos.[8] A linha de força que os atravessa é o desejo de querer submeter o real para transformá-lo. O que leva a achincalhar os fatos com uma "total" impudência.

Será muito chocante dizer que a *intelligentsia* moderna tem por base esse tipo de atitude espiritual? Encontra-se esse mesmo totalitarismo no voluntarismo do político, nos dogmas cientificistas do acadêmico, sem falar nas fórmulas ao mesmo tempo peremptórias e efêmeras do jornalista. Eles se enganam, eles enganam impunemente, mas sempre têm razão.

---

[7] Como em "olhe as crianças enquanto viajo". (N.T.)
[8] Cf. Hannah Arendt, *Auschwitz et Jérusalem*, Nova York: Pocket, 1993, pp. 4 e 147.

Agindo assim, brincam de aprendiz de feiticeiros. De tanto baratear a realidade, é ela que os está barateando. E o faz simplesmente desprezando-os. É instrutivo ver com que desprezo, nestes últimos anos, foram tratados todos esses protagonistas dos Bons Sentimentos. Depois dos intelectuais que ficam ditando suas lições, e dos políticos aos quais se atribuem os piores males, agora é a vez de os jornalistas serem "totalmente" desconsiderados.

Claro que, do alto de suas nuvens, eles continuam a existir e a perorar. Mas são tomados por aquilo que são: meros atores do entretenimento público. E o que predomina são menos suas ideias do que seus frascos sentimentais, o *"look"* que assumem, o dinheiro que ganham ou gastam, a corrupção real ou imaginária que os envolve ou suas indignações morais a que ninguém presta atenção. A falta de raízes que demonstram, a falta de bases antropológicas, os condena a serem jogados para fora de uma vida que constantemente depreciam.

6. O RETORNO DO ARCAICO

Vamos chacoalhar o chão onde sonham os que estão adormecidos.
Shakespeare

Diante de uma *intelligentsia* moderna que é desconsiderada, com todos os perigos que isso não deixa de comportar, é urgente armar uma postura intelectual. Dar sentido outra vez ao *intelectual orgânico*. Ligar-se e voltar a ligar-se àquilo e àqueles dos quais fazemos parte.

"Olhar", como disse, é tomar conta daquilo que existe. É, também, ver dentro. Recorrer às intuições, *intuire*, isto é, ter uma visão do interior. O que permite compreender a dinâmica que move, subterraneamente, a sociedade. Significa, enfim, estar atento aos problemas da raiz, das origens e da sedimentação do saber.

Numa biografia romanceada de Copérnico, Jean-Pierre Luminet, poeta e acadêmico, lembra exatamente como era necessário, para Copérnico, voltar às origens, "redescobrir os antigos em sua pureza inicial", o que lhe permite compreender, para além dos esquemas oficiais e simplistas, a complexidade do sistema solar, onde planetas parecem às vezes deter-se e dar marcha a ré.[1]

---

[1] J.P. Luminet, *Le secret de Copernic*, Paris: Ed. J.C. Lattès, 2006, pp. 89 e 164.

Essa metáfora é pertinente em suas duas dimensões. Primeiro, a contribuição da tradição merece atenção. Depois, há alguns tipos de "volta atrás" que não são simples regressões. Quanto mais não seja, porque põem em evidência o papel da memória, dos arquétipos, das criptas diversas, do inconsciente coletivo na constituição de um povo.

Para dar um exemplo entre outros: o povo judeu é menos uma comunidade baseada na raça do que uma comunidade de destino ou espiritual. E talvez seja esse substrato imemorial, esse compartilhamento de mitos, ritos, símbolos, proibições, etc. que explica sua continuidade no tempo. E isso apesar das carnificinas, pogroms e "Shoah" de que foi vítima.[2]

A prudência intelectual, de longa data, consiste em reconhecer que o sentido é algo que se recebe mais do que se possui.

Claro, isso é difícil de admitir. Tanto o político quanto o intelectual ou o jornalista consideram que o que fazem é indicar o *sentido* (finalidade) que se deve tomar e o *sentido* que se pode dar à ação social.

É essa pretensão, fortemente enraizada na consciência coletiva, que contribuiu para assentar este lugar--comum: eles dão a pensar. Isso quando talvez tenham por função fazer emergir aquilo que se *dá* a pensar. Parece uma derivação pouco importante quando, de fato, indica uma diferença fundamental. Talvez mesmo uma revolução copernicana. A da relativização do

---

[2] Cf. o belo romance de A. Koestler, *La tour d'Ezra*, Paris: Ed. Calmann-Lévy, 1947. Sobre o regressivo, cf. M. Cazenave, *Jung, l'expèrience intérieure*, Paris: Ed. du Rocher, 1997.

império da consciência. Insisto, não em sua negação, mas em sua "relativização", no duplo sentido da palavra: *ser relativizado, estar em relação*. Pôr-se em relação com o senso comum. Ser relativizado pela experiência coletiva.

Talvez não seja inútil lembrar algumas "características essenciais" desse senso comum e dessa experiência coletiva. Na forma de banalidades ou, em termos mais castiços, de estruturas antropológicas.

Trata-se de pares de opostos. Dos genes da espécie humana, de certo modo. Estreita ligação do universal e do particular, da unicidade e da diversidade, do instituído e da impermanência. Em suma, é essa "ligação" que a tradição esquizofrênica do Ocidente rompeu de modo peremptório ao privilegiar o Universal, a Unidade e o Instituído.

E é essa cesura que embasa a arrogância daqueles que sabem. Mas é isso também que não mais se admite sem discussão.

É possível indagar, com efeito, se as diversas rebeliões, as insurreições de todo tipo, os múltiplos fantasmas religiosos ou ideológicos, a reivindicação dos sentimentos de pertencer a alguma coisa, as aparências étnicas, se tudo isso não traduz, de modo mais ou menos inconsciente, a preocupação com o particular, a diversidade, a dinâmica. Foi a isso que chamei, de modo metafórico, "o tempo das tribos".

O drama das elites contemporâneas é que elas ficaram presas a suas representações universalistas e negam as reivindicações particularistas. O Republicanismo dos Bons Sentimentos repousa numa defasagem desse tipo.

É preciso tempo, já disse, para pensar o ser coletivo em sua inteireza. Isto é, para apreciar a complementaridade dos pares de opostos. É preciso tempo para saber identificar, tal como aconselhava Heidegger, um *Schrrit zurük*, esse passo atrás que retrocede na direção de algo mais original, mais essencial. É preciso tempo para saber abandonar os pensamentos convencionais, os lugares-comuns progressistas, as evidências dogmáticas, a fim de se acomodar melhor ao que é vivido, no que tem de melhor e de pior, pelas novas tribos pós-modernas.

Não é isso que caracteriza um pensamento e uma ação orgânicos? Dar mostras, no sentido que se dá a essa palavra, de intuição. Saber pôr em ação uma inteligência dos fatos. Quer dizer, saber ligá-los entre si. Fazendo isso, desenha-se uma imagem simbólica dos tempos. *Stricto sensu*, "inventa-se" essa imagem. Isto é, dá-se a luz a essa imagem.

Assim, diante da covardia que tende a dominar a *intelligentsia* — covardia que é um outro nome para o conformismo intelectual, do politicamente correto —, podem-se dar mostras de coragem. Isto é, fazer *prognósticos* a partir de observações concretas, diagnósticos que incidam sobre o aspecto subterrâneo das coisas.

Para isso, contudo, é preciso saber romper com o martelar, tão peremptório quanto efêmero, das análises dos *experts* extraídas das águas estagnadas das páginas de opinião dos jornais e de outras "tábuas da lei" do Pensamento Oficial. Tudo isso pode dar a impressão de uma segurança inabalável. Para convencer-se disso, basta ver a cara de satisfação desses funcionários de escritório com o "jornal da tarde"[3] debaixo do braço. Mas esses rituais cotidianos, por mais tranquilizadores que sejam, não oferecem abrigo aos contragolpes da vida real, que não os poupam.

Se a ideia é entender os múltiplos sobressaltos que pontuam a vida social, compreender os "tsunamis" de todo tipo que marcam a vida internacional, é preciso abandonar nossas certezas racionalistas que foram o apanágio do idealismo intelectual. E, com isso, reconhecer que a vida é feita também de um realismo sensível: o compartilhamento das emoções, dos afetos e outras paixões comuns.

Contra o livre exame que afirmava a autonomia da razão individual, base do contrato social moderno, reconhecer que não existem pensamentos individuais mas, sim, o retorno *stricto sensu* do senso *comum*. Aliança eterna do sentimento coletivo e de todos os sentidos, que constitui todos e cada um.

Assim, para explicar os fenômenos contemporâneos de um modo que não seja aquele abstrato, é o caso talvez de voltar a uma outra concepção do elo social, não mais fundado no poder altaneiro, vertical, mas numa *autoridade* que, em seu sentido etimológico, faz crescer aquilo que existe. Ouve-se, nisso, um eco do que dizia Hobbes: *Auctoritas non veritas facit legem*.

---

[3] Lembrar que o *Le Monde*, jornal quase "oficial" da *intelligentsia* francesa, sai no começo da tarde. (N.T.)

Acreditou-se, durante um tempo longo demais, que a Verdade resultava do "sentido privado" daquele que sabia, o sacerdote, o político, o filósofo, quando, talvez seja o senso comum, como bem coletivo da humanidade, ou a *autoridade* (essa capacidade de fazer crescer) própria do gênero humano, que está na origem daquilo que Joseph de Maistre chamava de "fundo comum das verdades".[4] Um critério verdadeiro e enraizado sobre o qual se baseia o *estar junto*.

Falando de seu país, Chateaubriand (*Mémoires d'outre-tombe*, tomo II, p. 373) diz: minha pátria. Mas, quando evoca sua Bretanha natal, ele fala de sua "mátria". É algo que se pode aplicar à inversão de polaridade que se observa hoje, quando a energia heroica de um imaginário com dominante masculina, bem cristalizado na Lei do Pai, está sendo substituída por uma energia com "dominante copulativa", que Gilbert Durand chama de regime noturno do imaginário. Perspectiva *matricial* com forte carga vitalista, interpessoal e, mesmo, naturalista.

A respeito disso, já mencionei uma "lei dos irmãos", uma ordem da fraternidade. Irmanação antropológica que volta ao primeiro plano da cena social. O sociólogo Max Scheler, que enfatizou a importância do sentimento, não teme dar a isso o nome de "*ordo amoris*".[5]

O que é certo, contra aquilo que tende a predominar, no sistema anônimo do bem-pensar clássico, é que a

---

[4] Cf. E. Dermenghem, *Joseph de Maistre, mystique*, Paris: La Colombe, 1946, p. 106.
[5] Ordem do amor. (N.T.)

Verdade, no pensamento e na ação, não mais pode ser imposta, de maneira vertical, por alguns depositários patenteados e oficiais.

Mesmo que tudo isso se expresse sem dúvida de um outro modo, em gíria ou outros idioletos modernos, é reconhecido como verdadeiro e relativo à experiência coletiva. Como mostra o adágio medieval, *quod semper, quod ubique, quod ad omnibus.* Aquilo em que sempre se acreditou, por toda parte e por todos, não são algumas ideias etéreas, projetos em longo prazo ou outros adiamentos do prazer que fundamentam a hipocrisia do político, a arrogância dos que ditam suas lições ou a versatilidade dos jornalistas. É, antes, o fato de viver, aqui e agora, com os outros e no contexto comunitário dos sentimentos e dos afetos no qual o corpo encontra seu lugar.

E é esse materialismo místico, de antiga memória, que serve de cimento àquilo que convém chamar, em sentido estrito, de corpo social. É isso que é preciso levar em conta se não quisermos que, entregue à própria sorte, esse "corpo" fique à deriva.

7. DA PALAVRA À FALA

Desde a Renascença, o vermelho transparente de nosso raciocínio científico alcançou uma perfeição maior que o azul de nossa intuição. Há quatro séculos, o primeiro avança e o segundo, declina. Mas antes disso, essas plataformas estavam ao contrário; e acho que haverá uma nova inversão.
Arthur Koestler, *Cruzada sem cruz*

É bom prestar atenção: tudo é símbolo. No caso, a desconsideração com que se tratam os intelectuais midiáticos, a desconfiança diante dos jornalistas e a suspeita contra os políticos, tudo isso mostra como, embora a *intelligentsia* continue a ter o poder legal de manejar os diferentes discursos oficiais, não mais lhe é reconhecida uma *legitimidade* social.

Essa desconfiança generalizada ainda não encontrou as palavras adequadas para se expressar. Tudo passa por enquanto pelo "não verbal": rebeliões, insurreições, rupturas e abstenções diversas. E cada um pode colocar sob a capa desses termos uma multiplicidade de fenômenos concretos que, tanto no campo nacional como internacional, sublinham a saturação da grande temática do "contrato social" que foi a característica essencial da modernidade.

O clima da época é dado pela secessão. É esse o símbolo que é preciso entender. Quer isso nos agrade ou não, contrarie ou não nossos valores, é o símbolo do fim das ilusões sobre as teorias da emancipação elaboradas no século XIX e que, de modo mais ou menos consciente, continuam a alicerçar o Pensamento Oficial. Fim, também, do mito de um Progresso contínuo e da Razão triunfante. A era dos valores *quantitativos* dá lugar ao desejo, difuso, do *qualitativo*.

É essa nova hierarquia dos valores que é importante discernir e que é preciso saber expressar desde já.

O que está em jogo não é nada desprezível. Mas requer uma postura intelectual, senão nova, pelo menos que saiba se purgar das certezas estabelecidas ou das racionalizações abstratas e confortáveis.

Foi exatamente isso que fizeram, volto a lembrar, os grandes pensadores da modernidade. Como Descartes que, em sua revolução intelectual, tinha como ambição "alterar o modo geral de pensar". É o que se encontra também um pouco mais tarde em Diderot de quem se disse, a respeito de seus Pensamentos Filosóficos, que ele praticava uma arte do fragmentário que convidava a que se fizesse uma pausa para refletir. Uma arte do recuo que criava a surpresa e enfatizava aquilo que é descontínuo. Foi assim que ele conseguiu desenvolver uma verdadeiro procedimento de pesquisa, andando obliquamente pelas hipóteses e paradoxos e não evitando as voltas e os desvios. Traços que caracterizam os indícios de um pensamento vivo. De um pensamento não dogmático que traduz um contínuo debate interior.[1]

Além desses dois exemplos, é todo o processo das "luzes radicais" que assim se desenrola. De modo

---

[1] Sigo aqui, de modo livre, a análise de R. Trousson, *Denis Diderot*, Paris: Ed. Tallandier, 2005, pp. 89 e seg. Cf. também J.I. Israël, *Les Lumières Radicales. La philosophie, Spinoza et la naissance de la modernité*, op.cit., p. 800, nota 3.

dissimulado, ou abertamente, minar as certezas, fragilizar os dogmatismos, ridicularizar as inquisições. E isso, não pelo simples prazer de provocar, mas para estar sintonizado com o espírito do tempo que nascia.

Para dizer de modo mais simples, para além das evidências, ver o que é evidente. Ser possuidor, como Linceu, herói dos Argonautas, de uma visão penetrante que possa atravessar a abóboda estrelada, entrar na terra e descer ao fundo dos abismos.

Há momentos de grandes mudanças societais em que é indispensável ser herético. E no duplo sentido do termo: ser capaz de fazer uma escolha, isto é, saber discernir a hierarquia dos valores vividos e não temer elaborar ideias que se oponham aos dogmas estabelecidos.

Em relação ao mundo universitário, significa assumir riscos quanto aos temas abordados e aos métodos utilizados. Como diz Jacob Taubes a seu modo: "Nesta época, sou tomado por uma dúvida quanto à autoridade da universidade de mandarins".[2] Com nomes diferentes, conforme o país e o momento, a história do pensamento é um verdadeiro ossuário de "mandarins". Não há por que recear se opor a eles. Sobretudo porque muitas vezes devem sua divulgação a suas posições sindicais, partidárias, burocráticas, e não a suas produções intelectuais.

Para além do mundinho acadêmico, porém, a radicalidade do pensamento está ligada de um lado à

---

[2] Cf. Jacob Taubes, *En divergent accord*, Paris: Ed. Rivages, 2003, p. 29. Sobre a anomia, cf. meu livro *Du nomadisme*, 1996, Paris: Ed. de La Table Ronde, 2006. Cf. também J.I. Israël, *Les Lumières radicales*, op.cit, sobre o papel das lojas maçônicas, p. 90.

desconstrução de toda ortodoxia, à utilização da irreverência, da dissensão intelectual, e, de outro, à capacidade de seguir a fluidez própria da dinâmica da vida.

Basta, sob esse aspecto, lembrar que essa dinâmica sempre se desenvolveu fora dos corpos e das instituições estabelecidas, quer sejam elas de natureza política, judiciária, religiosa ou intelectual. Como já se disse de diversos modos, a "anomia" tem normalmente um aspecto fundador. Exatamente porque ela vive, de maneira paroxística, as mudanças de valores. Ela é parte integrante da labilidade das pessoas e das coisas. No que nos diz respeito, ela é a expressão em ato do "libertinismo" pós-moderno.

Desse ponto de vista, a cegueira dos pesquisadores e dos políticos face à profunda mutação dos modos de vida é das mais escandalosas. Lembro-me de que há alguns anos os temas de estudo sobre a homossexualidade eram considerados chocantes. Hoje começa-se a prestar atenção, timidamente, às evoluções sexuais em curso. Mas também aqui os "recuperadores" o fazem tomando o cuidado de deixar de lado o aspecto subversivo desses problemas.

Que dizer, contudo, das pesquisas sobre os grupos de amantes da musica "tecno", sem falar da música "metal"? Que dizer daquelas sobre a moda, sobre o corpo que se oferece em espetáculo, o corpo tatuado ou furado? Que dizer dos RPG, jogos em que se representam papéis, e do "cibersexo"? Tudo isso parece efêmero, marginal, pouco importante, expressão de uma condição adolescente que será logo superada. Em suma, algo frívolo.

É aí que a *intelligentsia* mais mostra sua desatualização. Ela é que é frívola por não se interessar por aquilo que ela considera "frívolo". Pois é exatamente aí que reside, para retomar uma expressão de Durkheim, o "caráter essencial" da pós-modernidade nascente. Caráter que tem o mesmo papel que teve o "libertinismo" no início da modernidade.

Não surpreende que os moralistas de todos os tipos sintam medo de todas as efervescências que pontuam a vida social. Queiram ou não, fazem o papel do "clero". Os livros edificantes, os artigos lacrimejantes, os discursos bem-pensantes que segregam são incensados em páginas e páginas de boletins paroquiais. Mas os espíritos esclarecidos não hesitam em comparar essas secreções com o cheiro de esperma seco que caracterizava as batinas fétidas dos padres frustrados e viciosos do passado. Mas deixemos esses moralistas entregues a seus joguinhos pervertidos. O ar livre da vida logo irá varrer os miasmas que eles exalam. Tanto isso é verdade que os combates de retaguarda não conseguem deter esse "*élan* vital" que pode ser lento, experimentar paradas e, por vezes, alguma marcha à ré mas que no longo prazo continua confiante em si mesmo.

Essa filosofia de vida que, como uma linha mestra, percorre a história das ideias, faz eco a um querer-viver que não se pode reprimir e que assegura, bem ou mal, a continuidade societal. Em relação aos últimos séculos, essa filosofia pode ser encontrada, na Alemanha, em Nietzsche, G. Simmel, M. Weber. Na França, em Bergson, claro, e, mais perto de nós, em Deleuze e Michel Foucault. Todos esses pensadores estão à procura desse fluxo profundo e de sua capilaridade no conjunto do corpo social.

E é porque esse *"élan"* ganha força e vigor que convém saber analisá-lo. Mas, como observou Michel Foucault ao longo de toda sua vida, para tanto é preciso saber destruir as evidências que são paralisantes ou as universalidades que, abstratamente, dão segurança. Ninguém poderá compreender a dinâmica do fluxo existencial sem saber se deslocar, o tempo todo, e sem pôr em dúvida a própria posição teórica. Em suma, sem estar o tempo todo "atento ao presente".

É essa atenção que requer a coragem dos "saberes clandestinos" que não temem enfrentar a maldição.[3]

Programa vasto como nenhum outro. Mas que parece incongruente, tanto a pusilanimidade mostra-se como o denominador comum de toda a reflexão social e política contemporânea. Os caixeiros-viajantes da teoria, tanto quanto os cabotinos da política, todo esse mundo seja qual for a cor de suas convicções, encontra-se numa espécie de caminho do meio, índice mais seguro de mediocridade.

No pensamento e na ação, não se deve "fazer marola", mas, sim, ficar no termo médio. Nisso que Léon Bloy chamava, de modo vigoroso, de "inferno tépido e

---

[3] Cf. Michel Foucault, *Dits et écrits*, Paris: Gallimard, 1994, III, p. 268, e *Naissance de la clinique*, 1972, pp. 125 e 175.

bem comportado". Uma observação judiciosa que vai na direção da imemorial sabedoria popular segundo a qual "o inferno está cheio de boas intenções". Sem forçar muito, seria possível dizer *cheio de bons sentimentos*.

É tempo de reconhecer o que é amplamente vivido. A saber, que o critério da verdade não é mais considerado como simples encadeamento de pensamentos mas que dele fazem parte os curtos-circuitos, as tentativas atrevidas, em suma, a audácia daquilo que está vivo. À imagem de Cristóvão Colombo que parte para as Índias e descobre a América, é nas experiências corajosas, embora anônimas, que reside o segredo da socialidade contemporânea.

Assim, é preciso desde logo ajustar nossos modos de pensar a essa agitação cultural. Não temer a imoralidade quando ela expressa a potência vital, a energia em estado puro.

Recordarei um apólogo niestzscheano: "O viajante que havia visto muitos países e muitos povos e vários continentes e a quem perguntaram qual a qualidade que em toda parte havia encontrado nos homens, respondeu: os homens têm uma tendência para a preguiça. Alguns pensaram que ele teria respondido com mais correção e razão se tivesse dito: os homens são todos medrosos. Escondem-se atrás dos costumes e das opiniões".[4]

É possível reconciliar, sem hesitação, as duas posições. E aplicar o resultado não apenas aos homens

[4] F. Nietzsche, *Schopenhauer éducateur. Considérations intellectuelles III. Oeuvres philosophiques complètes*, Paris: Gallimard, 1988, tomo II, v. 2, p. 17.

em geral mas a essas elites que pretendem dizer e fazer a sociedade. É bem a preguiça e a covardia que, hoje, parecem caracterizá-las. São todo uns zangões improdutivos que, em função das qualidades que aponto, põem-se a destruir as colmeias produtivas. Apenas porque essa produção não se amolda aos critérios que fixaram para definir o que deve ser o bem-estar individual e coletivo.

Preguiça e covardia porque são incapazes de emitir um juízo que contrarie a opinião corrente da tribo à qual pertencem e porque apresentam essa opinião como sendo aquilo que é bom para o interesse geral. Mas o fazem de modo grosseiro. E a desconsideração de que gozam essas elites intelectuais, políticas, jornalísticas é prova disso. A vida verdadeira está em outro lugar.

O astrofísico J.P. Luminet, na história romanceada de Copérnico que citei anteriormente, traz esse ponto à tona com precisão. Copérnico morreu há muito tempo mas seus discípulos distantes, por cautela e em virtude de suas posições oficiais de professores universitários ou de pessoas que ocupam postos de decisão políticos ou religiosos, devem continuar a ensinar ou a proclamar a imobilidade da terra conforme Ptolomeu.[5]

Esse é o paradoxo. A revolução copernicana leva tempo para se impor nas esferas do saber e do poder estabelecidos. Mas é o heliocentrismo que, *de fato*, vai constituir, para as gerações mais jovens de cientistas, a base epistemológica da ciência em gestação.

[5] J.P. Luminet, op.cit., p. 18.

Talvez essa seja uma das raras "leis" sociológicas que se pode verificar com precisão. Por uma questão de peso próprio, aquilo que a seu tempo foi inovador tende a se enrijecer em dogma. E, nesse momento, começa a brecar e a contrariar as ideias e práticas audaciosas que chegam para incomodar as certezas estabelecidas. Assim é que se pode dizer sem medo de errar que as maiorias institucionais estão sempre equivocadas diante da vida. Era exatamente isso que Spinoza, um herege em seu tempo, observava quando dizia: "Não se espantem com essas novidades pois vocês sabem muito bem que uma coisa não deixa de ser verdadeira apenas por não ser aceita por muitos".[6]

A preguiça e a covardia das elites fazem que não aceitem essas "novidades", que são as formas de estar-junto que não se acomodam ao campo definido pelo "contrato social" do século XVIII.

A volta do tribalismo está entre elas, assim como a valorização do presente e do prazer hedonista. A sensação de pertencer e as emoções que se compartilham tornam-se coisas banais. As "histerias" coletivas e os agrupamentos ao redor de imagens comuns predominam sobre a razão soberana. É interessante notar que essas coisas, afinal arcaicas, irrigam a vida social graças às diversas formas do desenvolvimento tecnológico.

Todos esses são indícios que, no sentido etimológico do termo (*index*), apontam para a direção que assume o curso das histórias humanas. Tudo isso já foi dito e redito. Mas por um ato de negação obstinada, acadêmicos,

---

[6] Spinoza, *Oeuvres*, Paris: Ed. Garnier Flammarion, v. I, p. 156.

jornalistas e políticos ignoram a renovação dessa dinâmica societal.

Tempos atrás existiu uma "poesia de circunstância" feita para homenagear, servilmente, algum poderoso deste mundo ou para celebrar alguma situação social que parecia importante lembrar. Tudo isso caía rapidamente no esquecimento definitivo.

Do mesmo modo, hoje existem múltiplas "teorias de circunstância" cuja única ambição é satisfazer os que só querem ouvir o que têm vontade de ouvir.

E desses "indícios", todos os pregadores dos bons sentimentos não querem nem ouvir falar. Contentam-se com pensar "no sentido do pelo". Donde esse ambiente de domesticidade que marca o espírito do tempo. É preciso ter uma cabeça de criado, dobrar a espinha, ter uma pena servil, em suma *conformar-se* se o objetivo for ter a sorte de ser ouvido por essas instituições onde a estagnação do pensamento faz as vezes de passaporte.

É possível, claro, como todo mundo, escrever platitudes moralistas a fim de obter o apoio dos imbecis e dos covardes. Mas para quê, se tudo isso nos cega para o movimento real da dinâmica societal? Para apreender essa dinâmica, é preciso não temer reconhecer o aspecto anômico de todos esses fenômenos sociais que contrariam nossas cômodas certezas.

É preciso saber passar pelo crivo da inteligência e da realidade todas essas grandes palavras que construíram a modernidade: individualismo, racionalismo, universalismo, democratismo, republicanismo, contratualismo, progressismo, desenvolvimentismo e outros ectoplasmas do mesmo jaez. Sob pena de ficarmos atolados num dogmatismo esclerosado, é preciso aceitar a ideia de que nada é "tabu".

Tudo é passível de análise, de ser questionado. Não pelo simples prazer de um esteticismo decadente, algo que com frequência se atribui ao pensamento pós-moderno, mas pela preocupação de entrar em sintonia com uma realidade que nos provoca (*pro-vocare*), que nos convoca para a linha de frente.

Sem dúvida, não é fácil entender tudo isso. Mas a lucidez, a exigência intelectual, a probidade científica deveriam nos incitar a não reagir como esses discípulos que, diz o Evangelho de São João, assustaram-se e ficaram murmurando entre si quando Jesus lhes indicou os pontos fortes de sua "boa nova": "Esta fala é dura! Quem pode ouvi-la?" (6, 60).

Esses murmúrios circunspectos, sinal de temor daquilo *que existe*, são a base de todas as inquisições e dogmatismos que lhes servem de apoio. Mas, como todos os combates de retaguarda, nada podem contra a dinâmica da existência que encontra os meios adequados para nos fazer acordar do torpor induzido por esse ronronar dos diversos conformismos intelectuais ou outros modos do "politicamente ou moralmente correto".

É porque o "despertar" está à mão, e por ele se expressar, para o melhor e o pior, nas múltiplas efervescências prodigalizadas pela atualidade, que convém abandonar as *palavras* imobilizadas de nossas certezas dogmáticas e encontrar as *falas* adequadas à aventura "existencial", isto é, a esse vitalismo incontido, festivo, exuberante, um tanto anômico, contra o qual as encantações morais nada podem.

Encontrar essa fala que vem de longe e que, como justamente indica Carl Schmitt, pode ser uns hieróglifos fonéticos, "ecos de mundos originários"[7]: é bem esse o paradoxo da pós-modernidade que está nascendo — ela dá outra vez sentido às coisas primeiras, fundamentais, em suma, "arcaicas" que acreditávamos superadas.

Nesse ponto, à imagem do que significaram a *Política* de Aristóteles para o mundo antigo e *O Príncipe* de Maquiavel para a Renascença, será preciso encontrar um tipo de conhecimento que não seja nem fundamental, nem aplicado, mas "teoricamente prático".

É um paradoxo assim que Fernando Pessoa propunha para a organização das sociedades "progressivas" e não apenas "progressistas". Sociedades *progressivas* que, sem desprezar a razão, sabem pôr em ação as conquistas da tradição e da experiência. Outra maneira de expressar a inteireza do estar-junto. É esse o "despertar" a que nos convida o ideal comunitário que, em silêncio ou ruidosamente, esboça-se diante de nossos olhos.

---

[7] C. Schmitt, *Ex captivitate salus*, op. cit., p. 266. Em relação ao "teoricamente prático", cf. F. Pessoa, "Comment organiser le Portugal", in *Oeuvres complètes*, Paris: ed. de la Différence, v. 1, pp. 193 e seg.

8. RUPTURA

Reconquistamos a coragem.
Nietzsche, *Aurora*.

É frequente que, nos grandes pensadores, uma iluminação engendre uma ruptura no modo de pensar. Algo que, de resto, dá medo e tremedeira. Mas a mudança que sobrevém é, nesse caso, nítida, brutal, total. Euclides, Newton, Pascal, Nietzsche... É longa a lista dos *eurekas* que pontuam as grandes descobertas.

Talvez seja algo assim que está acontecendo contemporaneamente. Reconhecimento brutal e completo do desacordo que existe entre um imaginário moderno petrificado em seu Universalismo e seus bons sentimentos e um imaginário que nasce num berço feito de relativismo e da aceitação do outro. Aquele, fundado no medo e, portanto, gerando ódios. Este, tendo por ideal o ajustamento àquilo que existe e, portanto, reivindicando um autêntico *amor mundi*.

Com a saturação de alguns monoteísmos (o judeu, o cristão, o muçulmano), que serviram de base para o modernismo ocidental e após a derrocada do marxismo, é o fim do dogmatismo da religião cientificista que se perfila no horizonte.

Tudo isso pode parecer bem teórico ou um mero debate escolar. Mas não é assim, tanto que a ação política, a enquete jornalística ou a análise intelectual estão determinadas, sobredeterminadas, pelo imaginário no qual se banham. Muitas vezes, contra a própria vontade. É que a pretensão de pensar ou agir por si mesmo continua a ser um elemento importante da arrogância ocidental, quando o que nos ensina o imaginário é que, na maioria das vezes, *somos pensados, somos agidos* por um inconsciente coletivo que estamos longe de controlar.

Quando se observa, num longo arco do tempo, as histórias humanas, identificam-se momentos em que se dá uma nítida ruptura entre o que é *instituído* e o que é *instituinte*. Conflito de paradigmas. A compreender como modos diametralmente opostos de apreender o real.

É à luz desse conflito que se pode compreender a incapacidade do bem-pensar para apreender as múltiplas explosões sociais, a indiferença política, os diversos nomadismos existenciais, o mergulho do indivíduo racional na tribo afetual e, claro, o *presenteísmo* furioso subjacente a tudo isso. É isso que constitui o imaginário em gestação. É isso que pede que se leve em conta a experiência concreta mais do que esses *a priori* intelectuais um tanto abstratos.

Cada voz tem uma tessitura específica, um conjunto de sons responsável por sua qualidade. O mesmo ocorre com a voz social. E não é possível enganar-se de registro se o que se pretende é fazer que ela dê o melhor de si mesma. Sob o risco de, caso contrário, suscitar-se uma cacofonia de resultados deploráveis ou uma balbúrdia enorme em lugar da harmonia que é o ideal de todo estar-junto.

É possível resumir numa frase tomada de empréstimo da tradição cristã o que é o imaginário moderno: "Não se conformem com o mundo presente" (Rom. 12, 2). Está tudo dito aí. Aí está o fundamento do saber/poder modernos.

Com sua incultura incomensurável, inúmeros são os diversos tecnocratas, políticos ou burocratas universitários que se surpreenderiam se lhes fosse lembrado que nessa injunção paulina está a própria base do que fazem. No entanto, a negação deste mundo tal como ele é e a denegação do presente constituem, sem dificuldade, a orbe intelectual na qual se movem.

Donde a cegueira que demonstram frente a essa experiência que mencionei. O que é esse processo de negação senão uma maneira arrogante e pretensiosa de não ver o que *está aí*?

Donde essas querelas abstratas que, o tempo todo, pontuaram os diversos dogmatismos. Debates sobre o "sexo dos anjos". Múltiplas diatribes teológicas sobre a transubstanciação, a consubstanciação e outras tolices do mesmo tipo. Disputas sobre o comunitarismo como algo oposto ao republicanismo e que tomam conta dos bons espíritos modernos.

A abstração tem uma longa história e constitui-se por uma série de "revoluções" teóricas que são outras tantas tempestades em copo de água. Mas há momentos em que esse ilusionismo tende a se exacerbar e então manifesta-se uma crise de confiança em relação aos que não mais são reconhecidos como detentores da fala legítima. É nesse ponto que a ruptura é necessária.

Ruptura que convoca um pensamento *radical*. Em sentido estrito, um pensamento enraizado no vivido coletivo. Pensamento que saiba se adequar a este mundo *aqui*, a este presente vivido em comum.

Ruptura com o otimismo beato do mito do Progresso baseado na ideia, na esperança, no fantasma de uma perfeição regular e indefinida. Mito que, de uma maneira profana, leva ao pé da letra o conselho evangélico: *Estote perfecit*, torne-se perfeito. É essa interpelação, recheada de bons sentimentos como um frango de farofa, que vai servir de fundamento para o desejo de tornar tudo perfeito. Uma concepção sem dúvida generosa mas que se esquece da ambiguidade própria da natureza humana, feita tanto de sombras quanto de luzes.

É esse otimismo, algo abstrato, que, considerando, conforme a sugestão de Descartes, que o homem é "amo e senhor" da natureza, irá levar àquilo que se é obrigado a chamar de verdadeira "devastação" do mundo cujos exemplos não faltam nos quatro cantos do planeta.

É esse otimismo, seguro de si mesmo, que vai também se esforçar por higienizar a vida social. Asseptizar todos os aspectos da vida de modo a torná-la igual a um hospital onde os cuidados que são prodigalizados às pessoas não as impedem de contrair doenças nosocômicas. De tanto querer eliminar os riscos e impor a segurança a todo preço, obtém-se uma devastação dos espíritos. E a uma verdadeira implosão societal cujos sintomas mais evidentes são todas essas explosões que se multiplicam na atualidade e que não deixarão de se manifestar nos próximos anos.[1]

Ruptura com tudo isso pois, se soubermos ser como "o homem da lupa" de que fala Gaston Bachelard em *A poética do espaço*, temos que nos dar conta de que o processo de interdependência será a base epistemológica do paradigma em gestação. Algo que já observei ao dizer que "o lugar liga".[2]

Lugar real, do qual o localismo é prova e que o sentimento tribal de pertencer expressa do melhor modo possível; lugar simbólico, de que é prova o retorno das preocupações espirituais e os fanatismos religiosos; lugar virtual, com o qual o desenvolvimento tecnológico não para de nos surpreender. O espírito do tempo, de fato, está na interação, na inter-relação.

Sem querer desenvolver este ponto aqui, o que pretendo fazer em meu próximo livro, pode-se dizer que o espírito do tempo será, cada vez mais, caracterizado por uma espécie de *erótica* social. Como bem assinala Max Scheler, uma verdadeira *ordo amoris*.

É exatamente isso que os meias-solas da teoria que são os jornalistas e intelectuais midiáticos não conseguem nem entrever. Dos políticos, obnubilados

---

[1] A respeito, cf. o admirável diálogo de M. Heidegger, *La dévastation et l'attente*, P. Arjakovsky e Hadrien France-Lanord (trads.), Paris: Gallimard, 2006. Remeto também a meu artigo "La société de consumation", in R. Drai e J.F. Mattéi, *La République brûle-t-elle?*, Paris: Michalon, 2006, e G. Bachelard, *La poétique de l'espace*, Paris: PUF, 1995.

[2] Em francês há um jogo de palavras mais sugestivo: *le lieu fait lien*. (N.T.)

como são pelo reino da quantidade, nem falar. Todo esse mundinho sabe contar ou contabilizar. Mas não entende que o problema não está aí. Pode continuar a "fazer o bem" e a pensar que isso é um bom negócio, que o povo (hoje se diz "a opinião pública") lhe será reconhecido. E esse benfeitor da humanidade fica surpreso quando esse mesmo povo lhe dá as costas. Quando essa opinião pública, de que tanto cuidou, expressa, ingrata, uma opinião bem diferente daquela que se esperava.

Basta de tudo isso. Se é preciso que, como todos os grandes criadores, os espíritos esclarecidos tenham uma iluminação, é porque há "iluminismo" no ar. No caso, todos esses êxtases, cotidianos e festivos, que furam o tecido social demasiadamente enrijecido. Contra o anquilosamento das instituições mortíferas, é preciso saber como pôr em marcha um desabrochar de um pensamento que saiba justamente admitir a ordem simbólica derivada dessas interdependências que são as relações homem-natureza e pessoa-tribo.

Não há dúvida de que esses dogmáticos da religião cientificista, esses que Saul Bellow chamava de "rastaqueras universitários" ou esses tecnocratas formados num republicanismo imobilista, sem esquecer esses jornalistas que são umas verdadeiras birutas a mudar de direção conforme sopra o vento, todos esses observadores ou atores sociais têm dificuldade de entender o misticismo popular que é causa e efeito das efervescências extáticas, esportivas, musicais, religiosa ou políticas cujos efeitos não foram ainda totalmente explorados.

Todas essas efervescências repousam sobre a intercomunicação das consciências. Não mais um "ego" encerrado em sua consciência autônoma e que assina um "contrato" com um outro indivíduo racional, mas fenômenos de *histeria*, epidemias, contaminações virais.

O que constitui o cérebro reptiliano da *intelligentsia* moderna é o judeu-cristianismo que racionaliza o sagrado e, depois, o monismo materialista, seu digno herdeiro. Foi isso que levou à ditadura dos Bons Sentimentos, sentimentos todos democráticos, progressistas, republicanistas que, como um niágara de água tépida, são vertidos cotidianamente sobre as massas que, ainda por cima, deveriam se mostrar reconhecidas.

O que ocorre, contudo, é que elas estão pouco ligando e se interessam mais por essas "vibrações" comuns (os sociólogos falam de "sintonia", como A. Schütz) que as colocam em diferentes tipos de estados de comunhão com a alteridade, com o *Outro*, quer esse outro seja da tribo, da natureza ou uma divindade.

Em suma, esses processos de participação mágica traduzem o retorno de um politeísmo de valores. Já propus até mesmo que se falasse de um *reencantamento do mundo*.

Tudo isso escapa a esses espíritos doloridos que permanecem obnubilados pelo esquema do desencantamento, modelo que lhes cai tão bem porque traduz a negra tristeza que os habita e que, geralmente, eles atribuem ao mundo a sua volta.

Ao lado dessa morosidade oficial, nesses fenômenos efervescentes que são as festas, os fanatismos diversos, as explosões, as rebeliões, as implosões, existe a intercomunicação. Dizendo-o de maneira trivial, "a gente se explode junto". E usando este termo de modo metafórico, pode-se dizer que há "telepatia" no ar.

Em seu sentido estrito (*telos, pathos*), o fato de sentir ou de fazer sentir paixões distantes é o denominador comum de todo estar-junto. A televisão interativa, o telefone celular, o computador portátil e outros utensílios informáticos inscrevem-se nessa "telepatia" generalizada. Mas, claro, o sujeito desse processo não é mais o indivíduo racional próprio da modernidade mas sim o "não si mesmo" das filosofias orientais ou o "mais que um" tão bem analisado por Gilbert Simondon.

É esse "mais que um" que se mostra difícil de apreender e que, no entanto, é a base de toda vida social pós-moderna. E para além do que é oficialmente pensado (além dos conformismos habituais), para além do que constitui a ação política habitual, é preciso acionar uma visão penetrante que, como um raio laser, saiba como atravessar todas essas novas maneiras de ser, agir e pensar que constituem a socialidade contemporânea.

É porque a paixão está solta no ar do tempo, para o melhor e o pior, que o "pathos" se propaga no ritmo dos novos meios de comunicação interativos ("telepatia") e é por isso que existe uma cruel necessidade de mudar nossos paradigmas de interpretação.

Cruel porque a hipertrofia do pensamento racional é apenas um mecanismo de defesa erigido contra o pressentimento difuso do politeísmo de valores, do policulturalismo galopante, do relativismo cada vez mais presente. Tudo, coisa que a sabedoria cega e manca desse ronronar pretensioso cheio de tolices evidentes não consegue aceitar.

Esse *relativismo*, no entanto, está aí. E para sair dos bloqueios nos quais se encerra a modernidade que termina é preciso saber pôr em ação esse "pensamento complexo" que nos ensinou Edgar Morin. "*Complexus*", ele lembra, é aquilo que é tecido. Um conjunto onde o simbolismo, a mitologia, o imaginário, o racional, a experiência encontram seus respectivos lugares. Seus devidos lugares, mas nada além disso. E, todos juntos, tecem "o tecido daquilo que chamamos de real".[3]

Essa é a chave das múltiplas contaminações de toda ordem que pontuam a vida social. Com a ajuda do desenvolvimento tecnológico — blogs, fóruns de discussão, telefones celulares —, a *viralidade* se desenvolve. A histeria se espalha. O mundo, que era distante, se torna próximo. Não passa de uma rede dinâmica de relações. A *primum relationis* predomina sobre o *principium individuationis*. E é bem esse o problema, pois o Pensamento Oficial repousa ainda sobre o paradigma individualista e o racionalismo.

Retomemos aqui a injunção de Kant: *Aude sapere*. Ousar saber foi algo, naquele momento importante das Luzes, difícil e necessário ao mesmo tempo. Difícil contra o dogmatismo. Necessário para acompanhar a dinâmica civilizacional.

O mesmo vale hoje para pensar a pós-modernidade. "Ousar saber" contra o dogmatismo cientificista,

---

[3] E. Morin, *La méthode. La connaissance de la connaissance*, Paris: Seuil, tomo III, 1986, p. 175.

racionalista, moralista, republicanista. "Ousar saber" para integrar os sonhos coletivos que, de múltiplas maneiras, perfuram o corpo social. E isso para impedir que esses sonhos, se não soubermos acompanhá-los, se avinagrem em pesadelos.

Para isso, contudo, é preciso dar mostras de humildade. Um pouco à maneira da teologia apofática, na Idade Média, que fala de Deus não dizendo o que ele é mas o que ele não é. E, assim, descrever de maneira plural o que está nascendo, "evitando" mencionar isso e aquilo, descrevendo-o pelas ausências. Sem imobilizar o retrato com *a priori* dogmáticos.

Assim, uma aproximação "apofática" desse gênero poderia ser tão pertinente para nosso tempo quanto a de Tocqueville que prognosticava, em seu *Democracia na América*, a centralização e a democratização em curso. Ele não julgava; como a grande concepção francesa da pintura, ele se contentava com ser um pintor de seu tempo.[4]

Ser um pintor desses requer ao mesmo tempo coragem intelectual, consigo mesmo, e cortesia e polidez diante aquilo que existe. Requer que se desenvolva também, no lugar do dogma, do conformismo e da intolerância, um pensamento que não tenha medo de ser "ensaísta" e anômico. Lembrando a etimologia da palavra, um pensamento "pirata" (*peiran*), que tenta, que ensaia, que arrisca. À imagem e semelhança, claro, da energia incontável que percorre, sempre e uma vez mais, o corpo social.

[4] Remeto aqui à análise de C. Schmitt, op.cit., p. 136.

SOBRE O AUTOR

Michel Maffesoli (1944) é sociólogo. Professor da Université de Paris-Descartes — Sorbonne, é considerado um dos fundadores da sociologia do cotidiano e conhecido por suas análises sobre a pós-modernidade, o imaginário e, sobretudo, pela popularização do conceito de tribo urbana.

É secretário geral do Centre de Recherche sur L'Imaginaire e membro do comitê científico de revistas internacionais, como *Social Movement Studies* e *Sociologia Internationalis*.

Recebeu o *Grand Prix des Sciences Humaines* da Academia Francesa em 1992 por seu trabalho *La transfiguration du politique*.

É vice-presidente do Institut International de Sociologie (IIS) e membro do Institut Universitaire de France (IUF).

Este livro foi composto em Myriad pela *Iluminuras* e terminou de ser impresso no dia 10 de junho de 2009 nas *oficinas da Gráfica Parma*, em Guarulhos, SP, em papel Polen Soft 70g.